喬木書房

喬木書房

面對，你才有可能成功

漆浩——著

缺點人人都有，但是人會成功或失敗則看他如何面對缺點、
如何讓缺點成為自己的負向激勵，讓自己隨時自我反省，再接再厲！

缺點也像高爾夫球場上的沙坑、水池一般，你必須知道它們所在的位置，
並且，想盡一切辦法一避開它們，然後對自己的成功果嶺一逐洞前進！
不要怕面對自己的缺點，也不必懊惱自己不夠完美，
善用缺點的負向激勵，讓自己樂在一超越自己，成就事業及人生的瑰奇壯麗！

目錄

第一章　誰能沒缺點……13

第三章

第五章　勇於用缺點來磨礪自己……203

前言

俗話說：「人非聖賢，孰能無過。」一般平凡的人，更是不可能沒有缺點，但是對「缺點」採取何種面對態度，卻是影響到人生成敗的關鍵。整體來說成功與失敗之間最大的差別就在於─是否能夠克服自身的缺陷，戰勝自己的缺點。千萬別讓缺點葬送了一生的成功與幸福。

詩人泰戈爾曾經說過：「當鳥翼繫上黃金時，就飛不遠了。」如果我們不能找出自身的缺點，並堅持不移地去克服它，戰勝它，那我們就只能碌碌無為，成為那隻飛不高的鳥了。

在人生的旅途中，有的缺點是與生俱來的，有的缺點是後天形成的。面對「缺點」，千萬要能誠實面對，客觀分析，理智對待。既不能漫不經心，也不必緊張兮兮。對於與生俱來的缺點，我們要設法改正，化缺點為優點。對於後天形成的缺點，則要引以為戒，避免重蹈覆轍。**世上沒缺點的聖人少有，但是有缺點的人是真實的，有少許缺**

點的人是可愛的，能夠改正缺點的人是可敬的……

本書將人生所有看得到的缺點羅列出來，就如何客觀地認識缺點、虛心地改進缺點、有效地控制缺點，進行了深入探討。並指出，人生在世，缺點雖然難以逃避，但絕不可放縱，任由缺點由小養大，積少成多，最終變成了人格缺陷，最終造成一個失敗的人生。

此外本書更是以通俗的語法、深刻的道理、可親可感的故事、談心式的口吻，對人生中最常見的缺點，以及人們對缺點所採取的態度與措施進行了辯證的論述，使許許多多不易察覺的缺點都能一一呈現在面前，有則改之，無則加勉，使缺點轉化為優點，營造美好的人生！

第一章

誰能沒缺點

人生在世，沒有一個人是沒有缺點的。縱使美玉，也有瑕疵。缺點雖然人人難免，但並非不能改善；無論是與生俱來的缺點，還是後天形成的缺點，只要勇於面對，敢於改正，缺點也能成為個人的進步動力。

你是那一類型的人

每個人有每個人的缺點，只有克服這些缺點，才能避免失誤，不斷地前進。在現實生活中，不妨檢查自己是否有下面的缺點。這些缺點就像人生的陷阱，避開這些陷阱，人生才能一路順遂。

第一類人：不太喜歡「同情」別人，也就是說，缺乏同情心。

無論做什麼事，這類人總是站在自己的立場，一切為自己著想。他覺得在這世界上，每個人都以自我為中心。雖然過程中人們在客觀角度上也對社會做出了貢獻，但那只是原始出發點的附帶成果。他是贊同「主觀為自我，客觀為他人」的說法的。有時候，這類人也曾想過要幫助別人（雖然這種時候不多），但同時他首先會想到自己尚有其他許多困難有待克服。因此，他很快打消了幫助別人的念頭。「我幫別人，誰來幫我呢？」他通常會這樣想。

在他內心深處，或許也會有過這麼一個念頭：「等我獲得一定成就後，我會向別人伸出熱情之手。」

他也常常被別人的處境給打動，但他最終還是抑住了自己，沒有付諸行動。需要幫助的人的確太多了，他不可能一一給予協助，這是他自己給自己的一個「正當」理由。

「人人為自我」，這樣的想法是有一定道理的，人是從動物進化而來的，具有動物的私慾也是其來有自。可是不能忘記的是，沒有一個人可以單獨生存在這個世界上，總要或多或少地與別人發生關聯。

這類人若能在適當的時候，站在別人的立場上想一想，就會明白他們是多麼需要他的幫助，就如同他陷入困境時強烈地渴求別人的幫助一樣。俗話說：「天下沒有白吃的午餐。」今天同情別人，幫助別人，對方會牢記在心，萬一哪天遇到跟他們一樣的情況的時候，他們也會做出適當的回饋。

全球首富的比爾・蓋茲，每年都拿出大量錢財回報社會，這也讓他的微軟帝國形象大好。需知給別人一滴水，將會收穫整個大海！

第二類人：缺乏開朗、積極的人生態度。

這類人常常為一些生活瑣事而想不開。處於逆境，他感到苦悶和不安，不知如何應付；情況變好時他又埋怨沒有變得更好。因此他總是抑鬱寡歡。

其實，人生好比在大海上航行，哪能不遇到風浪呢？正如有首歌的歌詞那樣：「漫漫人生路，上下求索，這樣執著，究竟為什麼？」人生的意義在於積極地追求，不斷地進取。如果沉迷於一些小小挫折之中不能自拔，人生就無意義了。

每個人都同時擁有許多美好的事物，想想愛你的父母、親密的朋友和自己健康的身體，這一切，不都是應該值得驕傲、應該好好珍惜的嗎？如果整天愁眉苦臉，你的同事，你的部屬或上司會怎麼想呢？他們會對你喪失信心，或許你因此而喪失許多發展機會。相反地，如果總是面帶笑容，總能保持良好的精神狀態，別人會很自然地信任、支持你。因此，你不妨試著笑一笑，生活也許就會多偏愛你一些，讓自己成為自己人生的主人。

第三類人：總是下不了「決心」的人。

這類人不管工作也好，下決定也好，都得花很長時間來考量，而考量的結果還不一定是他最後堅持的。看到別人中了彩卷，他會躍躍欲試，可是他必須做一番精算。一開始，他試想著馬上去買十張，可是在半路上又想到有那麼多人買了都沒中，自己大概也會遇到一樣的情況；而且，他還應用了數學中的機率來支持他的論點，中獎的機率是很小的，幾乎是零，他似乎終於想通了。於是往回走，但「發橫財」的念頭還是盤旋在頭腦中：「要是真中了，我就再也不用這麼天天為這點小錢傷腦筋了，」他對自己說，「況且即使不中，也不過是幾百元的錢，也不過就兩頓飯錢嘛？無所謂！」於是又轉了回去，這回是下定決心了。到了彩券銷售點，他又覺得終究機率是微乎其微的，何必把錢給他們，還不如留著吃飯呢！站在那裡猶豫再三，最後還是買了五張。等到在電視上看到了搖獎結果，一張也沒中，頓時懊惱萬分，覺得不該買，唉聲嘆氣了老半天。

這是你嗎？你是否有過類似的體會？在生活中，有時候完全沒有必要想得太多，瞻前顧後反而會讓人貽誤了很多的機會，尤其是在商場上，情況瞬息萬變，等你一切都「想通」了，機會也就錯過了。

因此，「該出手時就出手」，別再猶豫了。你本來是很愛思考的（只是有點過了頭），若能多一分乾脆俐落，哪怕是那麼一點點，你就可能會成功。

第四類人：缺乏的是「謹慎」。

這類人做事很衝動，與上一類的人剛好相反。計劃還未擬定好，就開始行動了。等到做一半，出現了許多意料之外的情況，才發現有許多因素當初並沒有考慮周全，於是只好回過頭來重新策劃。這時，已做了不少無用之功，浪費了可觀的人力與物力。後悔了，但後悔又有什麼用呢？

在人際交往中也是這樣，這類人很少省視自己的言行舉止是否得體，常常很隨便地做出讓他人覺得很驚訝的舉動。比方說，在正式宴會上，因為興奮過度，於是毫不在意地鬆開自己的領結；在音樂廳欣賞音樂演出，一曲才剛結束，便迫不及待地捧著鮮花要上台獻花。在做出這些舉動的時候，你有沒有想過別人會怎麼看待，有沒有想過它所造成的影響。

其實也知道不該那樣做，但是每次總是做了以後才回頭思考。一位好朋友來找你，請你幫他問問看有沒有什麼工作，你滿口答應了；朋友走後你才覺得自己一無權力二無關係，自己都還差點被老闆炒了魷魚，要幫朋友找工作簡直比登天還難，於是只好向朋友表示道歉。不過，你留給同事們的印象一般還不錯。因為他們有時候也覺得你辦事果斷，從不拖泥帶水。你也會因為這個而偶爾獲得上司的賞識，不過大多數的時候他們還是希望你能謹慎一些。可見，一些個人的缺點，哪怕是微不足道的，也可能成為成功路上的絆腳石，尤其在你爭我奪越演越烈的職場中。

最後一類人：思考得太多，而行動得太少的人。

這類人喜歡幻想，各種想法往往很完美，但是卻很少將之付諸行動。因此，這類人不可能成為實際上的成功者，只能算一個「理想主義者」。

正因如此，這類人很難說服別人。當向別人闡述構想時，他們首先會拍拍他的肩膀：「你先做吧，老兄。」而自己又不願親自動手去試驗，於是才華便表現不出來。

做為知識型人才的人，為了避免自己的才能被埋沒，最好還是去從事「智業(企劃、顧問、設計等)」。如果終於有一天能親自實施行動並堅持到底，這類人可能很快就會成為某一領域的佼佼者。

總之，各式各樣的缺點雖然都不可逃避，但面對不同的缺點，應該給予不同地對待，使缺點變成自己致勝的優點。

自我設限難以掙脫

很多人在成長的過程中，特別是童年時期，遭受外界(包括家庭)太多的批評、打擊和挫折，於是奮發向上的熱情、慾望被「自我設限」給壓制封殺，長久沒有得到適當的疏導與激勵。既對失敗惶恐不安，又對失敗習以為常，是失去了信心和勇氣，也養成了懦弱、狹隘、自卑、孤僻、害怕承擔責任、不思進取、不敢打拚的缺點。

科學家做過一個有趣的實驗：他們把跳蚤放到桌上，一拍桌子，跳蚤迅即跳起，而且跳起的高度都在其身高的一百倍以上，然後科學家在跳蚤上方罩一個玻璃罩，再讓牠跳；這一次跳蚤碰到了玻璃罩。

連續多次後，跳蚤改變了高度以適應環境，每次跳躍總保持在罩頂以下高度。接下來逐漸改變玻璃罩的高度，跳蚤都在碰壁後主動改變自己的高度。最後，玻璃罩接近桌面，這時跳蚤已無法再跳了。科學家於是把玻璃罩打開，再拍桌子，跳蚤仍然不會跳，變成「爬蚤」了。跳蚤變成「爬蚤」，並非牠喪失了跳躍的能力，而是因為一次又一次的挫折學乖了、習慣了、麻木了。最可悲之處就在於——實際上的玻璃罩已經不存在了，牠卻連「再試一次」的勇氣都沒有。行動的慾望和潛能被自己扼殺了！科學家把這種現象叫做「自我設限」。

假使想成就生命的偉大，求得自我的充分發展，就必須先不惜一切代價，爭取生命的自主權，要剷除一切足以阻擋、束縛向前的障礙，走進自由而和諧的環境中，這是事業成功的重要準備。大部分人的缺點，就在心中有志於成功，然而卻無法努力去求得成功。一般人太迷信「命運」了。我們所要做的就是將一切不可能化為可能，不做命運的奴隸。

這世界上成就過大事業的人，他們偉大的力量、廣闊的心胸、豐富的經驗，究竟是從哪裡得來的？他們會說，那是奮鬥的結果，從掙脫不自由、惡劣的環境，斬除束縛他們的命運的桎梏、獲得教育、脫離貧困、執行計劃、實現理想的種種努力中獲得的。

關鍵時刻優柔寡斷

快速的決策和異於常人的膽量使得許多成功人士度過了危機和難關，而關鍵時刻的優柔寡斷卻只能帶來災難性的後果。偉大的希臘哲學家蘇格拉底說：「當許多人在一條路上徘徊不前時，他們不得不讓路，讓那些珍惜時間的人趕到他們的前面去。」

當有人問亞歷山大是如何征服世界的時候，他回答說，他只是「毫不遲疑地去做這件事」。

有這樣一個故事，說的是一個父親試圖用金錢贖回在戰爭中被敵軍俘虜的兩個兒子。這個父親願意以自己的生命和一筆錢救出兒子，當他被告知，用這種方式只能救回一個兒子時，他無法決定要救出哪個，犧牲掉哪個。就這樣，他一直處在兩難選擇的痛苦中，結果他的兩個兒子就因為他的遲疑不決而被處死了。

那些搖擺不定、猶豫不決的人肯定是個性軟弱、沒有決斷力的人，最終將一事無成。因此，試圖面面俱到、凡事周全的人做出的無益而瑣碎的分析，是抓不住事物的本質的。決策最好是決定性的、不可更改的，一旦做出之後就要用所有的力量去執行，就算偶爾犯錯，也比某些人凡事盤算思來想去和拖延不決的習慣要好。

人生充滿了選擇。不管是讀書、創業或婚姻，我們總要在幾個可供選擇的方案中，做出「賭一把」的決斷。對於我們所選擇的結果究竟是好是壞，往往也沒有明確的答案。機會難得，想再回頭重新來過，是絕不可能的。

其實，上天並未特別照顧那些抓住機會之神的幸運者，只不過是他們一再對問題苦思對策，並毫不猶豫地去做，因而獲得機會之神的青睞。

美國前總統艾森豪在緊急情況下總是立即抓住自己認為最明智的做法，而放棄了其他所有可能的計劃和目標，因為他不允許其他的計劃和目標來擾亂自己的思維和行動。這是一種有效的方法，充分展現了勇敢決斷的力量。

決斷並非一意孤行的「盲目」，也非逞一時之快的「任性」，更非一手遮天的「專斷」。決斷除了要有客觀的事實根據、前瞻的眼光，更要有勇敢去做的決心與魄力。

莎士比亞說：「我記得，當凱撒說『做這個』時，就意味著事情已經做了。」喬治・艾略特則這樣判斷一個人：「等到事情有了確定的結果才肯做事的人，永遠都不可能成就大事。」

我們經常要準備冒一些做出不成熟的判斷或採取不利行動的風險。一個人偶爾會做出錯誤的決定，總比從來不做出決定要好。如果一個人的決策永遠是錯誤的，那麼他在智力上或精神上肯定有問題。但在一般情況下，決策當中總是包含了精確的洞察和清晰的邏輯，其實是不用擔心決策總是會引起壞的結果。快速的決策和出眾的膽略使許多成功人士度過了危機和難關，而關鍵時刻的優柔寡斷通常只會帶來災難性的後果。

任性而為自亂分寸

每個人，都希望無拘無束地「率性而為」，想哭就哭，想笑就笑，想生氣就生氣，想怎麼樣就怎麼樣，但果真能那樣嗎？除非世界上只剩下你一個。因為，如果有這種任性的缺點，那麼每一次決策，都可能被當時的情緒給牽引而判斷失誤，成功就永遠只是一個遙遠的夢。

人都是有感情、有尊嚴的，都希望得到別人的肯定、尊重、支持和理解。但是個人的任性，很容易刺傷別人的自尊心。即使家人、朋友、同事能夠包容，但基本上已經傷害到他們了，而這種傷害往往是最沒有價值的。一旦眾人不再容忍，那麼衝突和矛盾就產生了，感情緊跟著也破裂了。所以，一般那些不顧別人感受、不能控制自己情緒的人，人際關係都比較差。誰願意和總是要性子的人待在一塊兒呢？所以，千萬要學會適時地調控自己的情緒，把握好分寸，不要太任性。

曾經聽過這樣一個故事，說從前有一個人提著網去補魚，不巧這時下起了大雨，他一賭氣將網撕破了。網撕破了還不夠，又因氣惱一頭栽進了池塘，再也沒有爬上來。

下雨不能打魚，等天晴就是了。不要讓一場雨下進心坎裏，不要讓一口氣久久不蒸發，從而輸掉青春、愛情、可能的輝煌和一伸手就能摘到的幸福。

任性賭氣，其實是對自己的不負責任，那麼，又何苦而為呢？

缺乏自制且定力不足

生活中，很多誤入歧途的人，就是因為他們缺乏必要的自制。很多時候，一個人所採取的某種行動，並不是出於理性的思考，反而是出自某種衝動或情緒的發洩。在這種情況之下，便很容易做出一些荒唐的事情來。

二〇〇〇年小布希擊敗高爾當選為美國總統。但你可知道，堂堂這樣權傾全球的美國總統，年輕時候卻是放蕩不羈、缺乏自制力。

學生時代的小布希，學習成績一般，但對於吃喝玩樂他卻樣樣在行。平時他除了與他那幫「狐朋狗友」四處遊蕩之外，無所事事。他最大的喜好便是騎著自己那輛哈雷機車，帶著時髦的美眉，在大街上飆車。除此之外，每天晚上，他總是泡在各色舞廳裏，不到深夜不會回家，而且每次都是醉醺醺的。

老布希看兒子如此不濟，多次諄諄教導，但是，小布希總把父親的話當作耳邊風，依然故我。

直到有一天，一個很特別的小姐出現在他面前，她的美麗和純潔一下打動了「花花公子」小布希。在這位小姐的影響之下，小布希覺醒了，他克制住自己的放浪行為，奮發努力，投入政界。經過一番奮鬥，他終於成就了自己的輝煌地位，登上了總統寶座。

生活中的你是否也常常對放任自己不加管束？如果你真有這個缺點，那麼終會因為自己的任性而付出代價。記住這一點吧，管住自己就是珍愛生命。

沒有改正的勇氣

樂觀的人，在每一次的憂患中都能看到機會；悲觀的人，在每一個機會中卻只能看到憂患。大文豪托爾斯泰說：「大多數人想改造這個世界，但卻極少有人想改造自己。」

卡耐基的一個學生因過分憂慮而陷於精神崩潰中，後來他決定到佛羅里達去旅行，希望換個環境，轉變心情。上火車時，父親交給他一封信並吩咐他，一定要等到了佛羅里達之後才能打開來看。沒想到他到佛羅里達的時候狀況更糟糕，此時他拆開那封信，想看看父親寫的是什麼。信上寫道：「兒子，你現在離家已經有一千五百英哩了，但你並不覺得有什麼不一樣，對不對？我知道你不會覺得有什麼不同，因為你還帶著你所有麻煩的根源，也就是你自己。並不是你所遇到的環境使你受到挫折，而是因為你對各種情況的看法。總之，一個人心裏想什麼，他就會成為什麼樣子。當你瞭解到這點以後，兒子，回家來吧。因為那樣你就能醫好自己了。」

父親的信使他非常生氣，因為他要的是同情，而不是教訓。那天晚上，這個學生在一條小街上走的時候，經過一個正在舉行禮拜的教堂，因為沒有別的地方好去，他就走了進去，聽了一場佈道。標題是：「能征服精神的人，強過能攻城掠地的人」。他坐在神聖的教堂裏，聽到了和他父親同樣的道理，才發現自己一直很傻。他看清楚了自己，認識到唯一真正需要改變的，只是他腦部那架思想相機鏡頭上的焦點。

第二天清早，他收拾行李回家去了，一個星期以後，他又回去做他以前的那份工作。四個月以後，娶了那個他一直擔心失去的女孩子。當他精神恢復的時候，他已是一個部門的組長，手下有十八個人；後來他成為一家紙箱廠的廠長，管理四百五十多名員工。他的生活比以前更充實、更有價值了。

他反省地說：「我現在能夠使我的思想為我所用，而不會有損於我；我現在才知道我父親是對的。使我痛苦的，確實不是外在的情況，而是我對各種情況的看法。」

是啊，我們內心的平靜，和我們由生活所得到的快樂，並不因為於我們在哪裡？我們有什麼？或者我們是什麼人？而是在於我們怎麼去思考問題！

三百年前，密爾頓在失明後，發現了這樣的道理：「思想的運用和思想的本身，能把地獄化成天堂，或把天堂變成地獄。」

拿破崙和海倫．凱勒，就是密爾頓這句話的最好例證：拿破崙擁有一般人所追求的一切榮耀、權力、財富，可是他卻說：「我這一生從來沒有過一天快樂的日子。」而海倫．凱勒──又瞎、又聾、又啞，卻表示：「我發現生命是這樣的美好。」

《人的思想》一書的作者詹姆士．艾倫在書裏寫道：一個人會發現，當他改變對事物和其他人的看法時，事物和其他的人對他來說就會發生改變。要是一個人把他的思想望向光明，他就會很吃驚地發現，他的生活受到很大的影響。人不可能只吸引他們所要的，卻可能吸引他們所有的……一個人所能得到的，正是他們自己思想的直接結果……

很多事情，站在不同的立場，便有不同的看法，正面的思想帶來積極的效果，負面的思想帶來消極的效果。樂觀的人，在每一個憂患中都能看到機會；悲觀的人，在每一個機會中卻只能看到憂患。而你呢？

自己不相信自己

一個人如果設定了自己想做的事，就千萬不要給自己留退路。一旦你留了退路，最終就會走上那條退路，而那肯定是條足以讓人遠離成功的路。

「缺乏自信」一向是困擾人們的缺點，有項針對某大學選修心理學的學生所做的調查，其中有一道問題是一個人最感困擾的事，調查結果顯示「缺乏自信」的人佔七五%的比率。

畏縮生活、陷於不安、無能感，甚至對自己能力持有懷疑的人，幾乎隨處可見。這種類型的人對於自己是否具有擔負責任的能力深感疑惑，他們也懷疑自己能否抓住有利機會。他們總認為事情不可能順利進行，從而保持著忐忑不安的心理。

此外，他們也不相信自己可以擁有心中想要的東西。於是他們往往退縮而求其次，只要擁有些許的成就便覺得心滿意足。

事實上，世上有成千上萬的人們都是被這樣的力量打敗，並懷著不安的感覺在人生的路途中匍匐前進。嚴格說起來，其中大多數的人均沒有必要遭受這種失敗。

偉大的勵志與成功大師拿破崙．希爾講述了這樣一個故事：在一個嚴寒的幾乎要使人凍僵的早上，一位好友忽然來到中西部某城鎮的飯店來找我。由於我將在離該地約三十五公里處做一場演講，因此就請他陪同一道前往。我坐上他的車子，在易滑的路上朝著目的地駛去，他駕車的速度比我快些。於是我向他提議：「時間還相當充裕，你可以慢慢開，不用趕時間！」

「你不必擔心我的駕駛技術。」他如此回答著，並繼續說道：「在以前，我的心裏經常充滿各種不安感，但現在已經完全克服了。」過去，我什麼事情都害怕──害怕開車上路、害怕搭飛機，甚至當家人外出未歸之前，我也會處在惶恐之中。

「此外，每當自己外出時，總會覺得似乎將要發生什麼不測，心中極為不安。受到這種感覺的包圍，而使得生活黯然失色。事實上，我有相當嚴重的自卑感，並缺乏自信，這種心態也反映在我的工作上，於是工作總進行得不順利。不過，現在我已經想出將這種不安感從我心中徹底驅逐的好方法了。現在的我，不論面臨任何事，都能自主地掌握與安排。」至於「妙計」是什麼呢？他用手指著固定在儀錶板上的兩個夾子，然後把手伸入胸前的口袋，拿出一疊小卡片。他很快地從其中選取出一張，再把它用夾子夾妥。那張卡片上這樣寫著：「只要心中充滿自信，沒有一件不能做的事。」接著他把那張卡片抽開，用一隻手平衡地操縱著方向盤，另一隻手則以熟練的技巧放進卡片堆裏，再抽出另一張卡片，並同樣地用夾子夾好。這張卡片上則如此寫著：「有了上天的幫助，誰能抵擋我們呢？」

「我經常到各地巡迴推銷。」他接著對我說，「我整天拜訪客戶，並且常開著車到各個地方。而人在開車時往往會不自覺地想著各種事情，如果想法一旦消極的話，當天的行動與表現自然也會顯得消極。在以前，我即便開著車子到各處拜訪客戶，但實際上我的腦中卻充滿著不安和失敗感，而這種情形正是導致我的銷售業績每況愈下的原因。但是，現在我的情況已經大為改觀了。自從我開始在開車時使用這些卡片，並設法把上面的字句記誦下來之後，我腦中的想法便奇妙地發生了轉變。那些過去經常困擾我的不安、挫敗的感覺已經消失無蹤，取而代之的是信仰和勇氣。這個方法改變了我，也幫助我在工作上的表現。」他並強調，「過去，我可以說是不情願去從事客戶的拜訪與推銷工作，因此想有所收穫根本就是不可能的事。」

一個人一邊看著身後，一邊向前跑是跑不快的；不如忘卻退路，全力向前。

慵懶成性不思進取

在這個社會上，不論什麼人要想做成一件事，就必須戰勝人性中「慵懶」的缺點，將外界的逼迫轉化為內心的自覺。

因為絕大多數的人都喜歡舒適，能站著拿到東西絕對不會跳起來，能坐著拿到東西絕對不會站起來，能躺著拿到東西絕對不會坐起來。

一九九二年的世界愛鳥日，芬蘭維多利亞國家公園放飛了一隻在籠中關了四年的禿鷹。然而，三天之後，一位遊客卻在公園附近的小山上發現了這隻禿鷹的屍體。根據調查，牠是因饑餓而死亡的。

禿鷹原本是一種兇悍的鳥類，生存本領極強。饑餓異常的禿鷹甚至敢與虎豹爭食，然而這隻鳥中之王卻死於饑餓，到底是為什麼呢？動物學家分析，幾年來，這隻禿鷹過慣了公園裏「飯來張口」的生活，在舒適的生活環境中竟喪失了在大自然中生存的能力。

鳥因惰性而死亡，人也會因惰性而走向墮落。如果想戰勝自己的慵懶，「勤勞」是唯一的方法。對人來說，勤勞不僅是創造財富的根本手段，更是防止被舒適軟化，渙散精神活力的「防火牆」。

大文豪托爾斯泰年輕時也是一個懶惰的人。為了克服惰性，他養成了兩種習慣，一是天天做體操，二是每晚睡前寫日記。這兩種習慣，他一直堅持到八旬高齡，日記堅持寫到他逝世前四天。正是因為他克服了自己的惰性，養成了畢生勤奮的習慣，才有了《復活》、《安娜．卡列尼娜》等偉大著作，並使他成為文壇巨擘。

一旦養成勤勞習慣，往往會保有一份穩定的愉快心情。因為專注，意念與行為的協調統一，所以惡劣的情緒便沒有潛入的機會，更沒有盤踞的空間。一個勤勞的人，心靈中是不會有一絲的慵懶。所以，克服慵懶最直接、最有效的方法就是使自己忙碌起來。

懦弱無能自我放棄

西方有句名言說：「失敗的人不一定懦弱，而懦弱的人卻常常失敗」。這是因為，懦弱的人害怕處於有壓力的狀態，因而他們害怕競爭。在對手或困難面前，他們往往不善於堅持，而選擇迴避或屈服。懦弱者對於自尊並不忽視，但他們卻常常更願意用屈辱來換回一時的安寧。

懦弱者不善處理衝突，進攻與防衛的武器在他們的手裏根本形同廢鐵。他們當不了兇猛的虎狼，只願做柔順的羔羊，而且往往是任人宰割的羔羊。

懦弱的人總是會遭到嘲笑，而遭到嘲笑後，懦弱者會變得更加懦弱。

懦弱者經常自艾自憐，他們心中沒有生活的高貴之處。鴻圖壯志是他們眼中的浮雲，可望而不可及。

當初，宋太祖趙匡胤肆無忌憚、得寸進尺地威脅欺壓南唐，鎮海節度使林仁肇有勇有謀，聽聞宋太祖在荊南製造幾千艘戰艦，便向南唐後主李煜奏稟，趙匡胤的舉動實是在圖謀江南。南唐愛國人士獲悉此事後，也紛紛向後主進言，要求前往荊南秘密焚毀戰艦，破壞宋朝南犯的計劃。可是李後主卻膽小怕事，不敢准奏，以致失去防禦宋朝南侵的良機。

後來，南唐國滅，李煜淪為階下囚，其妻小周后常常被召進宋宮，侍奉宋皇，一去就得好多天才能放出來。至於她進宮到底做些什麼，做為丈夫的李煜一直不敢想像。只是周后每次從宮裏回來就把門關得緊緊的，一個人躲在屋裏悲傷地哭泣。對於這一切，李煜忍氣吞聲，把哀愁、痛苦、恥辱往肚裏吞。實在憋不住時，就寫些詩詞，聊以抒懷。後來，終於被宋太祖所殺害。

李煜雖然在詩詞上極有造詣，然而做為一個國君，一個丈夫，他是一個懦夫，是一個失敗者。

美國最偉大推銷員法蘭克說：「如果你是懦夫，那你就是自己最大的敵人；如果你是勇士，那你就是自己最好的朋友。」因此放大自己的實力，張揚自己的勇氣，幸福快樂的人生才能自己掌理。

憂慮不能改變現實

與內疚悔恨一樣，過分憂慮也是生活中常見的一種消極而毫無益處的缺點，是一種無謂的精力浪費。當人憂慮時，會把寶貴的時光浪費在沒有目的假設將來的事情。對所有人來說，無論是沉湎過去，還是憂慮未來，其結果都是相同的：徒勞無益。

有這樣一則故事：

一個商人的妻子不停地勸慰著在床上翻來覆去、折騰了幾百次的丈夫說：「睡吧，別再胡思亂想了。」

「唉！老婆啊，」丈夫說，「妳是沒遇上我現在的麻煩！幾個月前，我借了一筆錢，明天就到了還錢的日子了。妳知道的，我們家哪裡有錢還啊！妳也知道，借給我錢的那些鄰居們比蠍子還毒，我要是還不出錢，他們能饒得了我嗎？為了這個，我能睡得著嗎？」他接著又在床上繼續翻來覆去。

妻子試圖勸他，讓他寬心：「睡吧，等到明天，總會有辦法的，我們說不定能弄到錢還債的。」

「不行了，一點兒辦法都沒有了。」丈夫喊叫著。

最後，妻子忍耐不住了，她爬上屋頂，對著鄰居家高聲喊道：「你們知道，我丈夫欠你們的錢明天就要到期了。現在我告訴你們一些不知道的事：我丈夫明天沒有錢還債！」她跑回臥室，對丈夫說：「這回睡不著覺的就不是你而是他們了。」

所以只要你採取一個簡單的步驟，對自己說一句簡短的話，說上幾遍，每一次要深呼吸，放鬆！對自己說，同時心裏也要真的這樣想：「不要怕。」

深呼吸，一切由他去！睜開眼睛，再輕鬆地閉起來，告訴自己：「不要怕。」要仔細想想這些有魔力的字句，而且真正相信，不要讓自己的心仍徬徨在恐懼和煩惱之中。

有一點，我們不能將憂慮與計劃安排混為一談，雖然二者都是對未來的一種思慮。如果用意是在制定未來的計劃，這將更有助於現在進行中的活動，且更有助於未來自己的具體想法與行動計劃。而憂慮只是因今後的事情而產生惰性。憂慮是一種流行的社會通病，似乎每個人都花費大量的時間為未來而擔憂。憂慮既然是如此消極而無益，既然是在為毫無積極效果的行為浪費自己寶貴的時光，那就必須改變這一缺點。

《讀者文摘》上曾刊登過這樣一篇有關憂慮的文章，作者在文中對憂慮心理這個缺點做了絕妙的諷刺：

「如此眾多的令人憂慮的事情！有舊的，也有新的；有重大的，也有微小的，而富有想像力的憂慮者總有辦法將路上的行人和遠古時代聯繫起來。假如太陽燃盡了，一年四季可能完全成為黑夜嗎？如果低溫冷凍中的人再甦醒過來，他們還能活多久？如果一個人沒有了小腳指頭，他能否在足球賽中進球呢？」

請記住一點，世上沒有任何事情是值得憂慮的，絕對沒有！你可以讓自己的一生在對未來的憂慮中度過，然而無論再怎麼憂慮，甚至抑鬱而終，也無法改變自己的事實。

脆弱無法扭轉命運

沒有一個人能夠順利地自在生活而遇不到任何的麻煩。實際上，沒有一天我們可以不必對付的各種麻煩和種種不安。既然麻煩和不安常常存在，重要的是我們如何對付它們。也許，對這一問題的最好忠告，是引用一句經常被人運用的，但又千真萬確的話，即：「**麻煩沒來惹你，就別去自找麻煩。**」

首先，仔細觀察一下自己的身體，或許這些煩惱是自己身體孱弱所造成的。即使各種麻煩確實存在，不過身體健康的人是能夠對付的。

其次，重新思考一下自己的生活方式。如果是那種常常待在家裏，不願外出的人，那就該擺脫這種狀況而振作起來。出去走一走，結識各種朋友，為自己安排豐富多彩的生活，不要悶悶不樂地讓時光流逝。反之，如果天天沒事往外跑，尋求不同的娛樂，那麼不妨試著在家裏待上幾個晚上。放鬆一下，讀幾本書，聽聽音樂，讓自己在一種更寧靜的生活方式中找到安靜。

對生活應該採取積極樂觀的態度。對於無法改變的事物，不要終日愁眉不展。當你能夠正視生活的本來面目，既不透過一層浪漫的迷霧，也不帶著悲觀目光的時候，你就已經獲得很大的進步，並且朝著更吸引人的個性邁進了一大步。當你開始微笑的時候，大家會熱烈地歡迎你加入到他們。這將使你更加幸福，更加滿足。

心存畏懼惶惶終日

「畏懼」是最容易使一個人麻痹的缺點，也是最能挫敗自己的心理反應。但是，如果沒有一定程度的畏懼和擔憂，生活也就不成其為生活。由於這些原因，畏懼才成為操縱者最常使用的最有效工具。還記得小時候，大人常說：「小孩子要聽話，要不然會被壞人抓走的。」國中時被班導師禁止同學在黑板上亂塗時，把同學的未來說成是「前途無亮」。醫生也總是告誡人們吸煙的害處，環境學家警告我們人類將要滅絕。但是，誰又真的知道以後會發生什麼呢？

是的，「畏懼」和「擔憂」是我們生活中的一部分，這兩種情感都是對未知事物的恐懼。我們都在為未來擔憂，都害怕未知的事物。所以對於正常的畏懼和擔憂，其實大可不必大驚小怪。在對未知事物做出決策時，總要面臨畏懼和擔憂。這些人類最基本的情感是誰也擺脫不了的，在某些情形之下，這些「缺點」甚至是要生存所必須的必要條件。

然而，只有當畏懼和擔憂不能妨礙個人的行動時，一個人才開始進入正確的成功軌道。如果有「憂慮」的特徵，那麼不妨按照下面的要求去做：

一、不要讓恐懼和擔憂干擾了自己的正常生活，更不要浪費時間為難以捉摸的未來擔憂。

二、不要被恐懼和擔憂給壓垮。把它們分解成可以控制、克服的部分。

三、一旦把恐懼和擔憂分解後，就應該問問自己：「可能出現的最糟糕的後果是什麼？可能出現的最好結局又是什麼？」這樣也許會發現恐懼並不像自己所想像的那樣不可克服。

四、最重要的是，不要讓恐懼和擔憂阻止自己的行動。

抑鬱寡歡負面消極

所謂「抑鬱」就是感覺生活無所期待，對任何事情都不感興趣，覺得活在世上很痛苦。例如剛開始做某些事情時，一定顯得生氣蓬勃，但不一會兒熱勁就消失了，連最簡單的事情也變得煩雜不堪，而且變得毫無意義可言。一度能為我們帶來快樂的東西也變得索然無味，那時就感覺到一切行為都慢了下來，言語無味，反應遲鈍，任何事情都不值得去努力，只想走得遠遠的。

抑鬱的人最大的特徵是「退縮」。

治療抑鬱所用的方法與改掉習慣一樣，因為「抑鬱」是經由習慣養成的，不去做被某種習慣支配要去做的事，就能改掉這個習慣。同樣地，消除抑鬱心理的方法，就是不要克制自己的活動，去做點什麼事吧！

抑鬱患者常愛問：「為什麼要做那些事呢？」當每次有了麻煩而自問這個問題時，

可以這樣想：「事情一定會有轉機的，有些理想是值得我們去追尋的，那件事值得我們去努力」。如果每件事都放棄不做的話，就容易變得悲觀、不開朗。假設考試考得太糟，於是不再做任何努力，那麼很快就會陷入自暴自棄的心境，那就是抑鬱的症狀，不再前進，不再發展潛能，最後就絕望了。

不要預設自己沒辦法改變抑鬱的缺點的立場，要是這樣想的話，就真的改不了了。其實抑鬱患者自己就能治癒自己，因為抑鬱是種習慣，而習慣是可以改掉的——雖然他們剛開始也以為那是不可能的事。

拖延成性屢屢誤事

「拖延」是一種壞習慣，也是一種缺點。在人生或事業中，要想走在別人的前面，就不要等待「境況會發生好轉」或「事情會自我調整」，而讓自己生活在模糊的未來之中，這樣的事情絕對不會發生。把希望、幻想寄託在未來，卻又生活在情感的「拖延計劃」之中，最後都只是枉費心機。

你正在用這些想法阻止你採取行動嗎？你認識到「希望」、「但願」這樣的字眼已構成你行動的障礙嗎？守株待兔不會讓人的處境發生改變。事實上，一個人的惰性甚至會使人的感情癱瘓，無法做出重大的決定。

告訴自己：「拖延已成為我實現目標的缺點。」並行動起來，行動需要努力和冒險，但是，如果不去做的話，雖然可以避免危險和失敗，但絕對達不成任何的結果，因為在避免可能遭到失敗的同時，也失去了獲得成功的機會。

「愛拖延」的人不妨思考一下下面的問題，看看自己拖延的程度如何？

一、當你對工作或與同事關係感到厭倦、或對居家環境不滿時，總是依賴朋友來幫忙嗎？

二、總是拒絕去做富有挑戰的事嗎？如節食、運動或是自我成長學習。

三、總是拖延去做使人不耐煩的事嗎？如整理環境、修車、洗衣服或寫信。

四、常常答應做一些有意義的活動，如渡假、旅行，但卻從未履行這些約定嗎？

五、在面臨艱巨的任務，或是要當眾表現自己或個人技能時，馬上感到「怯場」嗎？

基本上來說，「拖延」是因為害怕冒險。在生活中，拖延的缺點糾纏著每一個人，只有肯下功夫，才能擺脫它的束縛。

其實，擺脫「拖延」也並不像我們想像的那樣困難。所要做的一切，就是要明確：「不能等待明天或是明年，而是從現在做起」。關上正在看的電視，立刻動手去寫想了好久的企劃書；擱下正在閱讀的八卦雜誌，馬上就打個電話跟久未聯絡的好友敘舊；放下接近嘴邊的那塊蛋糕，現在就開始進行說好久的減肥計劃，不要再猶豫了，凡是拖延成性的人，必須下功夫養成「從現在做起」的習慣。

對付「拖延」，最有效的方法是做計劃，將一時難以實現的目標切割成可實現的幾個階段，把大目標分成小目標，把小目標再劃分若干可以實現的段落。現在你所要做的就是採取實現小目標的第一步驟，一旦養成「從現在做起」的習慣，就會不斷地進步，這樣，曾經一直被推遲實現的夢想就會很快成為事實。

藉由抱怨宣洩壓力

由於競爭日趨激烈，現代人的壓力越來越大，但許多人在面對壓力時，不是去如何化解，卻是責備別人或別的事物來宣洩。在這種缺點的支配下，常使我們抱怨公司的老闆、抱怨我們所鍾愛的人，還有我們周圍的環境，可是我們卻常常忘記把抱怨置於它應該屬於的地方—我們自己的肩上。

是的，我們並不想面對壓力。然而在大多數情況下，壓力確實是我們自己所引起的。

面對的壓力第一禍首是拖延—不要把今天的工作拖延到明天去做，尤其是一項極其艱巨的工作。要對付這項令人厭煩的工作—馬上動手。但是，不要試圖一下子解決所有的問題，要按部就班，逐一解決。不能制定計劃也會給我們造成壓力—時間管理專家阿蘭．萊克茵強調說：「不做計劃本身就是在計劃著失敗」。對於每一項工作，都必須制定出相對的計劃，對於大部分工作，制定一項具體可行的計劃是絕對必要的。提前一週開始計劃，但得當心不要把需要完成的工作項目安排得過多。在完成了每一件工作時，列出一個清單並逐一檢查。所有的時間管理專家都認為能成功有絕大部分是因為有效的時間計劃。每天當中，總有那麼一段時間，一個人的精神處於高潮。找出這個高潮時間，盡可能的將重要的工作安排在這段時間內完成。

此外，考量太多他人的需要，也證明是引起緊張的主要原因之一。

如果允許別人佔有自己的時間，那自己就要對造成的這種缺點負責。大多數的成功者對他們自己的時間都是很珍惜的，他們知道這部分時間屬於自己，他們可以和別人一起分享這部分時間，但他們從來不浪費時間。他們深知，時間是他們最有價值也是最有限的財富。

一、減少浪費的時間。有許多必須參加的會議，人們佔用了許多的時間，電話交談沒有獲得任何結果，還有認為累贅的許多事情。列出一張清單，並儘量減少花費在每一項事情上的時間，你會很驚奇地發現，每週還有許多額外時間可供支配使用。

二、畫清界限。在工作時間內不要鼓勵任何隨性的來訪，不允許有電話來打擾。

如果在家裏工作，最好讓自己的朋友、鄰居以及關係很密切的人尊重自己的工作時間。對他們講明，在家中的工作時間和你在辦公室裏的工作時間一樣重要。

依賴他人的贊許

「壓抑」是一種自我失敗的缺點。受到壓抑的人對於別人的要求反應過度，他們太重視別人的意見，因此，他們抑制自己的感情。由於他們對別人的訊息過於敏感，所以他們允許他人控制自己，把命運交給他人操縱，而自己卻失去成功的機會。

「壓抑」的產生，是因為害怕維護自己權利以及不敢當眾表現自我。馬爾茨博士在《心理控制論》一書中講到：「受到抑制的人所遭受的最一般的挫折，就是做為自我的失敗和不能充分表達自己。受挫幾乎是受到壓抑的人在所有領域中活動的特徵。」他還進一步論述，一個人長期處於壓抑狀態，會出現嚴重的憂鬱症。

為了養成成功型性格，你應該記住：「認識你的缺點，瞭解你自己。」

社會環境對人產生影響，使人產生不屬於自己的內在個性。因此，應該把自己當作洋蔥一樣，逐層剝去外皮，這樣才能發現真正屬於自己的內在個性。要記住，怎樣看待自己取決於自己，而對自己的看法又決定一個人在他人面前的自我表現形式，他們只不過對個人的訊息做出反應。

如果在生活中，習慣於屈從群體壓力，那麼，一個人的個性會產生一定程度的扭曲，或至少使人形成模糊的自我感覺。群體壓力往往會削弱一個人的自信心。我們都是有社會價值和自我價值的人，所以不必依賴任何人的贊許。必須認識到社會要求的一致性，不應害到自己個性的核心，要儘量讓自己的個性和他人的期望保持平衡。如果感到處境不適，那麼也許是到了要改變處境的時候了。

不懂得排解焦慮

所有的人在世上都會感受到不同程度的「焦慮」。幸好，「焦慮」就其本身並不存在什麼有害之處，適當的緊張還會有一定的益處—它能使我們的「體內機器」保持運轉。但是，一旦焦慮轉變成為痛苦感、壓抑感，那麼焦慮就會變為成功的絆腳石。

焦慮可以來自於我們對待自己的方式(自我誘導性緊張)，也可以來自各種外部事件(外界影響性緊張)。一旦被焦慮所困擾，就必須控制各種內在情感以及對外界的各種反應。解決過度緊張的方法很多，當感覺到焦慮時，可以做做深呼吸，儘量使自己放鬆下來。這種調息有助於排除頭腦中那些「如果……就會發生……」的莫名恐懼。只要稍微放鬆一下自己，就可以避免掉一些無謂的困擾。

一旦放鬆下來後，便可以向自己提出下列問題來對焦慮情勢進行評估：

一、在什麼情況下會感到煩惱？

二、這種情況對生活的影響很麼重要嗎？

三、什麼是自己應該優先考量的事情？

不幸的是，焦慮似乎已經成了流行的通病，不管是一般階級或高層的白領階級都同樣感到壓力重重。每週五十至六十小時的工作對許多決策者來說是家常便飯，每週七十小時或者更多的工作時間對於大企業的高層人物來說也算不上什麼新鮮事。實際上，時間的不夠用常常影響他們的生活。他們不僅要忙碌一整個星期，到了週末，仍要埋首於報表或進修之中，「放鬆」對他們來說是一個相當昂貴，但幾乎是閒置的游泳池。

別跟自己過不去

不少人在生活中抬不起頭，不是因為別人看不起他而垂頭喪氣，而是因為自己不自覺地貶低自己，所以變得無精打采，毫無鬥志。這些人擴大了自身的缺點和毛病。

有一位公司負責人，他身為董事長卻總是躡手躡腳地走進董事會議室，就好像是空氣一般。做為董事長的他也感到奇怪，自己為什麼只是董事會中一個無足輕重的人，自己為什麼在董事會其他成員中威信這麼低，自己為什麼很少受人尊重？

他其實真該好好反省一下。如果他給自己全身都貼滿「無能」的標籤，如果他像一個無足輕重的人那樣立身、行事、處世，如果他給人的印象是他並不瞭解自己、相信自己，那他怎麼能希望其他人好好地對待他呢？

如果我們對自己的前途有更清楚的認識，如果我們對自己有更大的信心，那麼我們將能得到更豐碩的成果。只要我們能好好地瞭解我們身上的潛力和高貴的一面，那麼，我們將會讓自己充滿更大的信心。我們身上卑劣和不好的一面都是我們自己造成的。由於某些人總是往壞的方面、差的方面想，總是認為自己渺小、無能和卑劣。如果這些人想達到高貴傑出的境界，那就應該向上看，應該多想想自己好的、崇高的一面。

如果我們以征服者的心態對待人生，我們會留給人們這樣的印象，也就是說我們相信自己將來會有所成就，而且這種信心是堅強有力的，是充滿必勝信念的；如果我們以屈服者的心態面對人生，我們就會以懊悔、自我貶損和逃避他人的心態出現在世人面前。正是這兩種不同的心態，造成了世界上人與人之間的差別。

我們都意識到，人們絕不可能完成自信心所不能及的事情。通常，一個人最大的缺點就是缺乏自信心。

其實，我們的整個生命過程一直都在複製我們心中的理想願景，一直都在複製我們心中為自己描繪的圖像。沒有哪一個人會超越他的自我評價。如果一個天才相信他會變成一個侏儒，並且一直那麼想，那麼他就會真的成為一個侏儒。一個人目前的整體能力是不是很強，這一點並不太重要，因為他的自我評估將決定他的努力結果，將決定他是否能取得成功。**一個對自己信心很強但能力平平的人所取得的成就，往往比一個具有卓越才能但自信心不足的人所取得的成就要大很多。**

低劣、平庸的自我貶低所產生的有效力量，沒有偉大、崇高的自我評價所產生的有效力量強大。一定要對自己有一種高尚而重要的自我評價，一定要相信自己有非同一般的前途。只要堅持不移地努力實現越來越高的理想，只要矢志不移地努力達到越來越高的要求，那麼，由此而產生的精神動力就會幫助自己去實現心中的理想。

第二章 由小養大的缺點

生活中，有些缺點微不足道，甚至看不到。但隨著時間與環境的變化，這些缺點就因為量變而產生質變，終於由小養大，由少養多，變成大缺點，造成大麻煩。所以這些小缺點絕不可小覷，放任不理。

當一天和尚敲一天鐘

悲觀主義的人都是這樣，害怕失敗遠勝過享受成功帶來的喜悅。因此，對於自己的所作所為，沒有足夠的信心。

當前許多人，由於對任何事物可能會發生的結果，總是感到不確定，於是就常常陷人沮喪之中，也學會用多做多錯，少做少錯，不做不錯的心態來面對任何事物。

其實人生的確處處充滿著不確定的，如果，我們不願意勇敢地去面對眼前的挑戰，那麼，所有擔心的惡夢自然就會發生。

我們可以從許多成功的大人物傳記與軼事中，找到無數個他們曾經面對挑戰，進而戰勝挑戰的偉大事蹟，所以，從現在開始放棄那些多做多錯的心態吧！

隨著生活範圍的擴大，每個人肯定會遇到新的挫折和失敗。勇敢雖然並不能保證事事成功，但是一個人只要不斷進取，即使失敗了，也比那些什麼都不願做的平庸之輩強得多。

有一些成功的領導者，他們都能迅速地做出決策和改正錯誤。他們很乾脆地答道：「如果你考慮得太多、太久，那你永遠難以前進。」

謹小慎微會使我們失去許多機會。如果老是躺在舒適溫暖的床上，人們就會失去寶貴的主動進取和創新精神。

人們總是力圖去征服新的，更富挑戰意義的未知世界。有人說過：「熱愛生活，要感謝生活的賞賜，不要臨陣逃脫，要盡力去超越自己，那麼會發現自己的能力大大超過你的想像。」有的人很希望培養自己在這方面的品性，但是要知道，勇敢不是在一夜之間就可以獲得的，它要從孩童時候便著手訓練直至成年繼續培養。

勇於接受挑戰的洗禮，如此，我們才可以在面對挑戰的過程中，學到更多寶貴的體驗，而人格也會因此更為成熟。

為自己找尋藉口

人的時間是有限的，我們應該隨時為成功做準備。有的人從小養成了拖延的習慣，常常用一些漂亮的言辭來掩蓋。說什麼「我正在分析」，可是幾個月過去了，他們還在分析。還有另外一種人習慣以「我正在準備」做掩護的，日子一天天地過去，他們仍然在準備，好幾個月過去了，他們還沒有準備充分。這些人他們正在受到「找藉口」的缺點的侵蝕，他們不斷為自己製造藉口。

有一首著名的詩是這樣寫的：

「他在月亮下睡覺，

他在太陽下取暖，

他總是說要去做什麼，

但什麼也沒做就死了。」

生活中最可悲、最沒意義的話語莫過於：「它本來可以這樣的」、「我本來應該」、「我本來能夠」、「如果當時我……該多好啊」，生命不是開玩笑，從來就沒有虛擬語氣的說法。我們之所以會把問題擱置在一旁，最主要的原因就在於我們還沒有學會對自己的人生負責任，只是一再地用藉口來原諒不負責任的自己。

成功者總在做事，失敗者總在許願。一個人如果認真考慮過他所負擔的責任，那麼他會立即採取行動。個人的行動是我們唯一可以有能力支配的東西，這些行動綜合不僅成了我們的習慣而且也成了我們的性格。

研究、準備是必要的，但總也走不出這種狀態和過程則是不智的。許多機會稍縱即逝，時勢也不斷的發生變化，生活並不會靜止地等待著。研究、準備下去，永遠出不了手，到頭來，除了一頭白髮之外只是一無所獲。

看自己不順眼

也許我們都想成為成功的人，但是不是你真的覺得自己會是一個成功的人呢？有誰願意成為一個自卑的人呢？大概沒有。在生活中說自己為某事或某項能力而自卑的朋友，都知道自卑並不是好東西。他們也渴望著把「自卑」像一棵腐爛的枯草一樣從內心深處拔除，從此挺胸抬頭，臉上閃爍著自信的微笑。

自己看自己不順眼，自己總覺得矮人一截，這就是自卑。當然這「不順眼」、「矮人一截」都是以別人為比較參照的：「我皮膚黑」，是和別人比而顯得「黑」，「我個子矮」，矮是相對於高而言的；「我眼睛小」，世界上有許多大眼睛，才襯托出了「小」。這些和別人不一樣的地方，實實在在擺在那裡，於是耗費了大量的能量和時間，企圖去改變那些和別人不一樣的地方，但卻常常成效不彰。

美國人本主義心理學家馬斯洛的研究認為，他們是只關注病態的人。「如果一個人只潛心研究精神脆弱者、神經病患者、心理變態者、罪犯、越軌者和精神者，那麼他對人類的信心勢必越來越小，他會變得越來越『現實』，尺度越放越低，對人的指望越來越小。」馬斯洛如是說。馬斯洛著重研究了那些「自我實現的人」，在這個基礎上使心理治療成為開發人的潛能、改善人的生活品質的一個新途徑。

當我們把目光從自卑的人身上轉到那些自信的人身上時，便會有了新的發現：上帝並不是對他們寵愛有加，讓他們都完美無瑕。拿破崙的矮小，林肯的醜陋，羅斯福的行動不便，邱吉爾的臃腫，但是他們卻擁有比別人更輝煌的一生！讓我們再來環視一下周圍的同事、朋友。你可以毫不費力地就在那些成功者身上找出種種缺陷，但是他們照樣活得坦然自在。自信使他們眉頭舒展，腰背挺直，甚至連皮膚都熠熠生光！

有人說，自信的人才可愛，一個自信的男人，會使女人獲得安全感；一個自信的女人，會使男人感到溫暖安祥。而自卑的人，不由自主地會在別人面前，甚至是自己喜歡的人面前顯示出種種不自在，他總在擔心別人會怎麼看自己。這種不自在會影響人與人的關係，使雙方經常「誤讀」對方的資訊，造成隔閡與衝突。而自信的人，與人交往時坦誠自然，能更多地流露出自己的本色，能更有效地與人溝通和交流，也就更容易建立起健康的人際關係，為自己贏得友誼和愛情。

卡耐基曾舉過一個這樣的例子：曾任美國國會參議員的愛爾默．湯瑪斯十五歲時，常常被憂慮和一些自我意識所困擾。比起同年齡的少年，他不但長得太高了，而且瘦得像根竹竿。他除了身體比別人高之外，在棒球比賽或賽跑各方面都不如人。同學們常取笑他，封他一個「馬臉」的外號。由於湯瑪斯的自我意識極重，不喜歡見任何人，又因為住在農莊裏，離公路很遠，也碰不到幾個陌生人，所以平常只見到他的父母及兄弟姐妹。

湯瑪斯說：「如果我任憑煩惱與恐懼佔據我的心靈，我恐怕一輩子也無法翻身。一天二十四小時，我隨時為自己的身材自憐。別的什麼事也不能想了，我的尷尬與懼怕實在難以用文字形容。我的母親瞭解我的感受，她曾當過學校老師，因此告訴我：『兒子，你得去接受教育，既然你的本能狀況如此，你只能靠智力謀生。』」

但是不久以後發生的幾件事幫助他克服了自卑感。其中有一件事帶給了他勇氣、希望與自信，改變了他的人生。這些事件的經過如下：

第一件：入學後八週，湯瑪斯通過一項考試，得到一份三級證書，可以到鄉下的公立學校去授課。雖然證書的有效期只有半年，但這是他有生以來，除了他母親以外，第一次證明別人對他有信心。

第二件：一個鄉下學校以月薪四十美元的薪資聘請他去教書，這更證明了別人對他的信心。

第三件：領到第一張支票後，他就到服裝店，買了一套合身的西裝。

第四件：這是他生命中的轉捩點。戰勝尷尬與自卑的最大勝利，發生在一年一度舉行的集會上，他母親敦促他參加集會的演講比賽。當時對他來說，那當然是天方夜譚。他連單獨跟一個人說話的勇氣都沒有，更何況是面對很多人。但是在他母親的堅持下，他還是報了名，並且為這次演講做了精心的準備。為了把演講內容記熟，他對著樹木與牛群演練了上百遍。結果大出他的意料，他得了第二名，並且贏得了一年的師範學院獎學金。

後來湯瑪斯在回憶自己的人生歷程中，不只一次說過：「這四件事成為我一生的轉捩點。」

人有一萬個理由自卑，也有一萬個理由自信！醜小鴨變成天鵝的秘密，就在於牠勇敢地挺起了胸膛，驕傲地展開起翅膀。

讓自卑從生活中走開，就會自信能夠做好一兩件事。並以此成為走向成功的契機！

善妒者心胸狹窄

有一則故事說得很好，有一隻老鷹常常嫉妒別的老鷹飛得比牠好。有一天，牠看到一個帶著弓箭的獵人，便對他說：「我希望你幫我把在天空飛的老鷹射下來。」獵人說：「你若提供一些羽毛，我才能把牠們射下來。」這隻老鷹於是從自己的身上拔了幾根羽毛給獵人，但獵人卻沒有射中其他的老鷹。牠一次又一次地提供身上的羽毛給獵人，直到身上所有的羽毛都拔光了，於是獵人轉身過來抓牠，把牠殺了。

心胸狹窄者之所以避免不了失敗的結局，就在於他們存心不良。不願別人超過自己倒還罷了，要命的是，當自己倒楣之時，也要別人沒好日子過。要達到這樣的目的，除了傷人害己，真別無他途了。

聽一聽智者的箴言，讓我們認識嫉妒之害。英國作家薩克雷說：「一個人妒火中燒的時候，事實上就是個瘋子，不能把他的一舉一動當真。」

亞當契斯說：「不要讓嫉妒的蛇鑽進你的心裏，這條蛇會腐蝕人的頭腦，毀壞人的心靈。」

羅素說：「善嫉的人，不但從自己所有的東西中拿掉快樂，還從他人所有的東西中拿掉痛苦。」

雷萊說：「嫉妒的眼睛易受欺騙。」

培根說：「嫉妒會使人得到短暫的快感，也能使不幸更加辛酸。」

海涅說：「失寵和嫉妒曾使天使墮落。」

莎士比亞說：「善妒者必惹憂愁。」

既然嫉妒如毒素，就要轉移它，不讓嫉妒之火成為心中的繩索。孤傲和自以為是，是進取心的大敵。一滴水成不了海洋，一棵樹成不了森林。任何事業的成功都少不了合作，而嫉妒卻總是會拆散所有的合作。因而克服嫉妒，你就要時刻提醒自己：只有你自己將一事無成。

巴魯克說：「不要嫉妒。最好的辦法是假定別人能做的事情，自己也能做，甚至做得更好。」記住，一旦產生嫉妒心理，就是承認自己不如別人。要超越別人，首先得超越自己。堅信別人的優秀並不妨礙自己的前進，相反，它可能帶來前所未有的動力。事實上，每一個真正埋頭沉入自己事業的人，是沒有功夫去嫉妒別人的。
忘掉嫉妒，胸襟自然會漸漸寬廣起來。

壓抑能使人懦弱

卡夫卡在這個世界上只度過了短暫四十一個春秋。作為世界級的作家，他算得上是一個成就輝煌的人，但從他的私人生活而言，他卻是個失敗者，他的個人經歷實在是太平凡、太平常、太普通了。在他身上，他根本找不到世界級大作家那些豐富多彩的人生閱歷。他的一生差不多都是在布拉格度過的，生活平淡無奇，甚至在第一次世界大戰中，他也遠離戰爭，過著一種平靜的生活。卡夫卡一生有過兩次戀愛經歷，但由於他沒有主見，辦事猶豫，兩次戀愛，兩次訂婚，最後又兩次解除婚約。一直到他離開這個世界，他仍然孑然一身。

這位偉大的作家雖然生為男兒身，卻沒有男子漢的氣概和勇氣。在他身上根本找不到那種知難而進、寧折不彎、剛烈勇猛的男子漢精神。他短暫的一生沒有獨立性，一直依賴他的父母。因此，卡夫卡身上最為突出的性格特徵是懦弱，是一種男人身上少見的懦弱。

卡夫卡的懦弱是由於他的家庭造成的，他出身於奧匈帝國所轄布拉格的猶太商人家庭。父親雖然能幹，卻也只是賺得全家勉強餬口度日。生活上的艱辛和困苦使父親變得異常粗暴和專橫，卡夫卡就是在父親粗暴的辱罵與咆哮般的叫喊聲中長大成人的。從他有記憶的那一天起，卡夫卡整天像隻驚魂未定的小動物，在父親的陰影下小心翼翼地活著。父親留給卡夫卡的印象，或是拉著長長的臉，為自己的生意發愁，或是對著他無情地、無休止地喝斥。

卡夫卡一生沒有得到過父愛，在他幼小的心靈裏，父親永遠是威嚴的、神聖不可侵犯的「神」。假如他能夠得到母愛，或許他不致於那麼懦弱。但卡夫卡的母親屬於傳統型的女性，對丈夫言聽計從，一切服從丈夫。在丈夫大喊大叫的時候，她只能無條件地站在丈夫這一邊。母親畢竟是母親，無論怎樣服從丈夫，都不可能完全放棄自己的孩子。然而，在卡夫卡的性格形成過程中，母親偶爾的幫助，卻形成了一種「幫倒忙」的後果。她有時覺得應替兒子說幾句話，但最後卻總是以退讓收場。她從來不會站在孩子的立場上，替孩子主持正義。卡夫卡骨子裏並不是一點反抗精神都沒有，但由於母親這種特殊的愛護和照顧，從根本上抵消了他僅有的少許反抗精神。

卡夫卡成天擔驚受怕，生活上的每一個細節，每一件小事，對他來說都可能是一個不大不小的災難，都可能成為父親發火，乃至大發雷霆的藉口。有些時候，父親對他發的火讓他不知所措，弄得他左右為難，以至於他對於做什麼事情都沒有把握，從根本上喪失了自信心。他的父親本來利用他所設想的那種軍隊式的、高壓的方式，達到教育女子成材的目的，但他的叫罵、恐嚇等，不但沒有把卡夫卡造就成他熱切盼望的男子漢，反而使他一步步逃離現實世界，變得更為懦弱。

緊張、壓抑、憂鬱環境中成長起來的卡夫卡完全失去了信心，也逐漸喪失了自我，什麼事情都是顯得動搖不定，猶豫不決。這種環境使卡夫卡，早早地產生了逃離現實生活的想法。現實生活對他實在太冷漠了，只有在他的非現實世界內心世界裏，他似乎才能擺脫現實世界的煩惱。猶太人的社會境地和備受排擠、壓迫的現實，也在卡夫卡幼小的心靈裏變得那麼不可抗拒、不可改變，而只有在他內心深處，在他自己用想像構造的世界中，他才能找到寧靜和安慰。這種逃遁實際上是對現實生活的一種反抗，只是這種反抗和卡夫卡的性格一樣，是非常脆弱的。

一九〇一年，卡夫卡考取了布拉格大學。按照他個人的愛好，他應該選擇文學專業，因為文學為他提供了一個虛幻的世界。但他個人的意願必須無條件地服從父親的

「聖旨」，他只好聽從父命，改學法律。在攻讀法律專業的同時，卡夫卡仍然把主要精力放在文學上。大學裏的環境畢竟不同於家庭，不同於他所就讀過的中小學，卡夫卡的性格有所改變，似乎不像從前那樣懦弱了。從前，他沒有勇氣在女性面前講話，而現在他與女同學的交往比以前增加了許多。但這絲毫改變不了大局，因為懦弱已經融進了他的血液。

卡夫卡後來創作了大量享譽世界的作品，但他在營造這個輝煌的精神家園時，懦弱帶給他的痛苦是難以想像的。有一天，正當他潛心寫作時，他的父親走過來，奪過稿紙，簡單地看了一眼，又把稿紙扔給了卡夫卡。用他經常使用的嘲諷口吻對卡夫卡說：「這個破玩意兒！」父親的舉動好像在卡夫卡的臉上重重地擊了一拳。世界、社會、人生對卡夫卡竟如此冷酷，他徹底放棄了抗爭的想法和念頭，他更加孤立自己，遠離這個世界，而到文學中尋找棲身之地。

卡夫卡一生沒有多少戲劇性和變化性。懦弱雖然使他創造了輝煌巨作，但在生前他所嘗到的只是無盡的痛苦。

用心不專將一事無成

用心不專是一個人生活中的大忌。歌德說：「一個人不能騎兩匹馬，騎上這匹，就會丟掉那匹。聰明人會把凡是分散精力的要求置之度外，只專心致志地學一門，學一門就要把它學好。」仔細觀察，你會發現一般人普遍的缺點就是難以專心致志。他們做任何事情都不能竭盡心力，於是就像鑿井，他們花了許多時間和精力開鑿許多淺井，也不願花同樣的時間和精力去鑿一口深井，所以，他們最終喝不到甘甜的井水。

有一個很有名望的主教正在花園中虔誠地禱告。此時，一名心慌意亂的侍女跑過來，焦急地尋找她丟失的孩子。

由於心焦情切，她並沒有注意到跪在那裡祈禱的主教，結果在他身上絆了一跤後，半句道歉的話也沒說，就往前走了。

主教經她一踩，心中頗為惱怒。就在他祈禱完時，侍女找到了小孩，高高興興地走回來。一看到主教滿面怒容地站在那裡，她吃了一驚，也大為惶恐。

主教生氣地說：「妳可不可以解釋一下剛才的行為？」

侍女回答說：「對不起，主教，我剛才一心惦念著孩子的安危，所以沒有注意到您在那裡。當時，您不是正在祈禱嗎？您所祈禱的對象，不是比我的孩子還要珍貴千萬倍嗎？您怎麼還會注意到我呢？」

主教低頭不語。

清代大將胡林翼說：「凡辦事皆須神情貫注。若心有二用，則不能有成。」一個專注的人，必然不易被周圍的事物所分心。一個下定決心的人，必定也是一個在各方面都成功的人。從小，我們就被教育做事要專心，不要三心二意。我們曾經看過的寓言故事，教導過我們專心的重要性。

從前，有一座山，山上有一隻小猴子。

有一天，小猴子閒來無事，便下山玩樂，起先，牠來到一塊玉米田裏，那玉米長得碩大碩大的，好不誘人。小猴子高興極了，急忙跑進玉米田裏，掰了很多玉米，抱得滿滿一懷，興高采烈地上路了。

不久，牠看到了一片桃林。桃樹上結滿了鮮美的大桃，飄著香氣。小猴子喜不自勝，趕忙丟了玉米，攀上桃樹，摘了許多鮮桃，戀戀不捨地走了。

不一會兒，小猴子又來到一片西瓜地，只見綠油油的地上，躺著數不清的大西瓜，那深綠色的瓜紋搔得小猴子心裏直癢癢。毫不猶豫，小猴子丟了鮮桃，衝到瓜地裏，挑了好長時間，捧了牠認為最大的一顆。

正當牠滿心歡喜地想吃西瓜時，忽然一隻小白兔跳了過來，眼睛直溜溜地盯著小猴子和西瓜。小猴子一見小白兔可愛至極，便想抓回山上去，逗著玩。於是，牠又拋下西瓜去抓小白兔。哪知小白兔靈活異常，小猴子追了好長的一段路也沒追上。後來小白兔越跑越遠，沒了蹤影，小猴子哪能找得到？累了老半天，小猴子精疲力盡，最後只好兩手空空回了山上。

生活之中，我們常常是那隻不知好歹的小猴子，到處用心，總不甘心於一物，最終也是兩手空空，一無所獲。

狂字當頭禍害多

人生在世會遇到各種各樣的險境，狂妄可能是最可怕的一種。處境卑微自然不幸，但危險性並不算太大，就好比趴在地上的人是不會被摔死的。最可怕的情境是身處險境而高視闊步，只謂天風爽，不見峽谷深。這正是人們狂妄時的典型情境。

古往今來，一個「狂」字招來了許多殺身之禍。

三國時候，禰衡很有文才，在當時社會名動公卿，但是，他恃才傲物，除了自己，任何人都不放在眼裏。容不得別人，所以別人自然也容不得他。最後，他以狂殺身，被黃祖殺了。

禰衡所處的時代，各類人才輩出，但他目中無人，經常說除了孔融和楊修外「餘子碌碌，莫足數也」。即使是對孔融和楊修，他也並不很尊重他們。

透過孔融的推薦，曹操見了禰衡。見禮之後，曹操並沒有立即讓禰衡坐下。禰衡仰天長嘆：「天地這麼大，怎麼就沒有一個人！」

曹操說：「我手下有幾十個人，都是當今的英雄，怎麼說沒人？」

禰衡說：「請講。」

曹操說：「荀彧、荀攸、郭嘉、程昱機深智遠，就是漢高祖時候的蕭何、陳平也比不了；張遼、許褚、李典、樂進勇猛無敵，就是古代猛將岑彭、馬武也趕不上；還有從事呂虔、滿寵、先鋒于禁、徐晃。又有夏侯淳這樣的奇才，曹子孝這樣的人間福將。怎麼說沒人？」

禰衡笑著說：「您錯了！這些人我都認識，荀彧可以讓他去弔喪問疾，荀攸可以讓他去看守墳墓，程昱可以讓他去關門閉戶，郭嘉可以讓他讀詞念賦，張遼可以讓他擊鼓鳴金，許褚可以讓他牧羊放馬，樂進可以讓他朗讀詔書，李典可以讓他傳送書信，呂虔可以讓他磨刀鑄劍，滿寵可以讓他喝酒吃糟，于禁可以讓他背土壘牆，徐晃可以讓他屠豬殺狗，夏侯淳稱為『完體將軍』，曹子孝叫做『要錢太守』。其餘的都是衣架、飯囊、酒桶、肉袋罷了！」

曹操很生氣，說：「你有什麼能耐？敢如此口出狂言？」

禰衡說：「天文地理，無所不通，三教九流，無所不曉；上可以讓皇帝成為堯、舜，下可以跟孔子、顏回媲美。怎能與凡夫俗子相提並論！」

這時，張遼在旁邊，拔出劍要殺禰衡，曹操阻止了張遼，悄聲對他說：「這人名氣很大，遠近聞名。要是殺了他，天下人必定說我容不得人。他自以為了不起，所以我要他任教吏，以便侮辱他。」

一天，禰衡去面見曹操，曹操特意告訴看門人：「只要禰衡到了，就立刻讓他進來。」禰衡衣衫不整，還拿了一根大手杖，坐在營門外，破口大罵，使曹操侮辱禰衡的目的沒能達到。

有人又對曹操說：「禰衡這小子實在太狂了，把他押起來吧！」

曹操當然很生氣，但考慮後還是忍住了，說：「我要殺他還不容易？不過，他在外總算有一點名氣。我把他送給劉表，看看結果又會怎麼樣吧。」就這樣，曹操沒有動禰衡一根寒毛，讓人把他送到劉表那兒去了。

到了荊州，劉表對禰衡不但很客氣，而且「文章言議，非衡不定」。但是，禰衡驕傲之習不改，多次冷落、怠慢劉表。劉表又出於和曹操一樣的動機，把他送給了江夏太守黃祖。

到了江夏，黃祖也能「禮賢下士」，待禰衡很好。禰衡常常幫助黃家起草文稿，有一次，黃祖曾經握住他的手，說：「大名士，大手筆！你真能體察我的心意，把我心裏要想說的話全寫出來啦！」

但是，後來在一條船上，禰衡又當眾辱罵黃祖，說黃祖「就像廟宇裏的神靈，儘管受大家的祭祖，可是一點兒也不靈驗。」黃祖下不了台，惱怒之下，把禰衡殺了。禰衡死時才二十六歲。

曹操知道後說：「迂腐的儒士搖唇鼓舌，自己招來殺身之禍。」

禰衡短短一生，沒有經過什麼大事，很難斷定他究竟才高幾何。然而狂妄至此，即使有孔明之才，也必招殺身之禍。

沉迷於失敗的陰影

「我當時要是大膽向她表白就好了。」「我要是早點去這家公司應徵，哪會有他的位子呀！」

大作家沈從文曾給自己的表侄、大畫家黃永玉幾條人生忠告，第一條就是摔倒了趕快爬起來，不要欣賞摔進去過的那個坑。

為什麼這樣說呢？第一，已經摔倒了，只要能記住這次摔跤的教訓就行了，再繼續欣賞這個坑，顧影自憐，自怨自艾於事無補，還把心情搞壞了；第二，這種欣賞會耽誤以後的路程，而且由於心情不好，注意力不集中，再摔跟斗的機率反而會更大。

陶淵明說：「覺今是而昨非。」用今天的眼光與標準來評判昨天的事物，我們總會發現其中的諸多問題，有些遺憾可能還有機會去補救，但還有許許多多的遺憾則永無機會去彌補了。

我們每個人在對每件事做決策時，已知的確定性因素是決策的依據，但總會有許多未知的、不可確定的因素，要我們用經驗、能力去分析判斷，這種感覺與判斷同樣是決策的重要依據。對現有資訊的估有不可能完全充分，對未知因素的估計不可能完全正確，這就註定了摔跟斗、犯錯誤是難以避免的。所謂人非聖賢，孰能無過，永不犯錯的想法本身就是個錯誤。

摔跟斗、犯錯誤並不可怕，可怕的是駐足於摔下去的這個坑前，忘記了前進或是不敢向前，應吸取經驗教訓，養傷蓄力，再次向前。

不要總去「欣賞」那些坑，不要總把那些遺憾掛在嘴上和心中。人生中會有數不清的遺憾，這本就是人生的魅力，十全十美的人生也許才是最沒意思的人生呢！

接著走下去，前面會有新的遺憾，也會有更多的收穫！

忽視雜亂無章

有些人將「雜亂」作為一種行事方式，他們以為這是一種隨性的個人風格。他們的辦公桌上經常堆放著一大堆亂七八糟的文件，他們自認為自己是亂中有序。如果我們非要這類人把辦公桌整理得井然有序不可，他們會抗拒上好一陣子，然後心不甘情不願地把桌面整理出來。

在多數情況下，雜亂無章只會帶來慌亂的效果。它會阻礙人把精神集中在某一單項工作上，因為正在做某項工作的時候，一般人的視線很容易會被其他事物吸引而去。另外，辦公桌上東西雜亂也會製造出一種緊張和挫折感，會讓人覺得一切都缺乏組織，而且被壓得透不過氣來。

如果發覺自己的辦公桌上經常一片雜亂，那就要花時間整理一下。把所有檔案，逐一檢視，並且按照以下四個方面的程度將它們分類：

立刻辦理，優先，待辦，參考資料。

把最重要的事項從原來的雜亂堆中找出來，並擺放在辦公桌的中央位置，然後把其他檔案放到視線以外的地方—放在旁邊的桌子上或抽屜裏面。把最重要的待辦件留在桌子上，目的是提醒自己不要忽視它們。但是千萬記住，每一次只能想一件事情，做一件工作。因此要選擇最重要的一件事，並且把所有精神集中在這件事上。

每個人都要有自己一套辦公邏輯。及時提醒自己一天中要辦的事項，工作日誌也許很有幫助。要處理大量檔案的辦公室，當然就需要設計出一種更嚴格、更有效率的制度。

每天下班離開辦公室之前，把辦公桌完全清理好，或至少整理一下，而且按同樣的標準進行清理，這樣會使第二天有一個好的開始。

不要把一些小東西—全家福照片、紀念品、紙鎮、鐘錶、溫度計，以及其他東西過多地放在辦公桌上，這樣它們就不會佔據有用的空間和分散工作時的注意力了。

不分輕重緩急

不管任何公司或機構中，只要有一位重要人員沒有採取適當的行動，就會出現「瓶頸」現象。造成這現象的原因可能是猶豫不決、懶惰、優先次序不當、頑固或要求過分。這是時間管理中遇到的最大問題。因為如果管理不當的話，所浪費的不僅僅是自己個人的時間，更是一群人的時間。

一般來說，這些時間管理不當的缺點，都是由下面這些人造成的：

◎對於新辦法猶豫不決無法裁決是否採用的高級經理人員；

◎核定下一項計劃之前，舞文弄墨的官；

◎不能及早安排好聚會，使得佈置場地的人沒有足夠時間佈置好場地的俱樂部委員；

◎喜歡在打字形式上吹毛求疵而要把信件重新再打的老闆；

◎習慣拖到最後才確定論文題目的教師；

◎要部屬每事必問而問時又找不到的老闆，等等。

這一類人多得真是數不勝數，而且在各行各業中都大有人在。他們對部屬和同事的時間管理視若無睹，因而大大阻礙了這些人員的努力。

這些缺點的造成，固然可能是由於某一個人要做的事情太多，但也可能是由於某個人沒有足夠的事情可做。後者會累積一大堆資料，使別人(常常是使他們自己)認為他們很忙。他們也會慢慢地弄著一項計劃，讓別人認為他們有事情要做。對付這些人的辦法，是給他們更多而不是較少的工作去做，並且訂下期限。這個辦法會像疏通阻塞管子的通道一樣，可以發揮出驚人的效果。

如果是因為不稱職的老闆或不可改變的官僚制度，而攪亂了個人的時間管理，或許就無能為力了。但要想辦法擺脫這種局面：緊追不捨、隨時提醒、電話催問，以及寫備忘便條。請記住一點：**要想在這個世界上把事情做好，就必須常常做一個有點兒令人討厭的人。**

如果你是一位資深經理人或管理者，要想找出「缺點」所在，第一個要找的地方是自己的辦公桌、自己「待處理」的卷宗、自己的「待辦事項表」。並且記著：「缺點」常常是在瓶子的上端，所以趕快把辦公桌上的檔案處理乾淨，以便儘快轉移到另一個人的桌子上，自己把自己這個最大的「瓶頸」解決掉。

七種由小養大的缺點

隨著生活步調的加快，現代人很容易感到疲勞。為了保持年輕而充滿創造力的頭腦，必須避免諸多生活上的壞習慣，如不正常飲食、不願動腦、蒙頭睡覺、帶病用腦等。因為這些由小養大的缺點會導致大腦變遲鈍。那麼，這些壞習慣都有哪些呢？

一、忽略早餐。

不吃早餐會使身體和大腦得不到正常的血糖供給。大腦的營養供應不足，久而久之對大腦有害。此外，早餐品質與思維能力也有密切關連。據研究，一般吃高蛋白早餐的兒童在課堂上的思考能量普遍相對延長，而吃素的兒童精力下降相對較快。

二、甜食過量。

甜食過量的兒童往往反應能力較低。這是因為兒童腦部的發育，離不開食物中充足的蛋白質和維生素，而甜食會損害胃口，降低食慾，減少對高蛋白和多種維生素的攝取，導致身體營養不良，影響大腦發育。

三、睡眠不足。

大腦消除疲勞的主要方式是睡眠。長期睡眠不足或睡眠品質不良，會加速腦細胞的衰退，聰明的人也會變得糊塗起來。

四、少言寡語。

大腦有專司語言的功能區，經常說話尤其是多說一些內容豐富、有較強哲理性或邏輯性的話，可促進大腦這些功能區的發育。整日沈默寡言、不苟言笑的人，就像「用進廢退」一樣，這些功能區會退化。

五、不注意用腦環境。

大腦是全身耗氧量最大的器官，只有保證充足的氧氣供應才能提高大腦的工作效率。因此用腦時，要特別講究工作環境的空氣流通。

六、蒙頭睡覺。

隨著被子內的二氧化碳濃度升高，氧氣濃度會不斷下降。長時間吸進潮濕的含二氧化碳濃度高的空氣，對大腦危害極大。

七、不願動腦。

思考是鍛鍊大腦的最佳方法。只有多動腦，勤於思考，人才會變聰明。反之，越不願動腦，大腦退化越快，聰明人也會變愚笨。

第三章 自己的缺點視而不見

俗話說：「人不知自醜，馬不知臉長。」缺點也是一樣，有的缺點能看到，有的缺點看不到。比如，死守老套，固守已經過時的觀念，可能一輩子也不知道天外有天，人外有人。所以，在面對他人的指正時，千萬要放開心胸，因為別人眼中的你，絕對真實過自己心中的「你」。

缺點自己看不到

別人說話的時候我們很少會用心注意聽，因為我們常常急於要做出反應、做出判斷，或是以我們自己的思維模式琢磨他人的話。我們在傾聽時經常會表現出以下四種壞習慣：

恍神；

假裝在聽；

時聽時不聽；

以我為中心地聽。

「恍神」指的是在別人說話時，心裏卻在想著別的事情，也許別人正傳達許多非常重要的訊息，可是我們卻只想著自己的問題。也許並非有心，但卻給別人留下不尊重的壞印象。

「假裝在聽」的現象最為普遍。雖然我們並沒有去注意別人在說些什麼，但是我們卻裝出一副在認真聽的樣子，時不時還在關鍵之處發出一些「噢」、「啊哈」、「酷」、「高見」等看似深刻的感歎。

「時聽時不聽」指的是只聽自己感興趣的部分。比如你的朋友想告訴你，他那當兵的弟弟才華橫溢，他在弟弟的陰影下感到多麼自卑時，而你只聽到了「軍隊」兩個字，嘴裏卻說：「噢，軍隊！近來我一直在想著軍隊的事。」由於你只說自己想說的事，而不是別人想說的事，有可能永遠都無法和別人建立長久的友誼。

「以我為中心地聽」指的是我們總是從自己的觀點出發，而不重視別人的意見，卻希望別人從我們的觀點出發來思考問題。這就是為什麼會出現諸如：「噢，我清楚地知道你的想法」，這類句子的原因。其實我們並不清楚他們怎麼想，我們只知道我們怎麼想，我們只是在設想他們和我們想的一樣。以我為中心地聽，只會使別人不願敞開心扉，不願與你談話。

牢記這四種傾聽的壞毛病，試著改掉它，將會使你有好的人際關係，擁有互通心靈的好夥伴，記住：只有善於傾聽的人，才能被人傾聽，得到尊重。

只要開始永不嫌遲

我們常以為某些事情開始得太晚，因此放棄。殊不知只要開始，永不嫌遲。有自己想做的事，就要立即行動。有了開始，才有成功的希望；沒有開始，就永遠沒有成功的可能。

英語補習班新一期開始報名時，來了一位老人家。

「幫孫子報名？」櫃檯小姐問：「不，自己。」這位老人家回答，小姐愕然。老人家解釋說：「兒子在國外娶了個媳婦，他們每次回來，說話嘰裏咕嚕，我聽著著急。我很想能夠和他們溝通。」「您今年貴庚？」小姐問。「六十八。」「你想聽懂他們的話，最少要學兩年。兩年以後你都七十了！」老人家笑笑地反問道：「小姐，你以為我如果不學，兩年以後就是六十六嗎？」

事情往往如此，我們總以為開始得太晚，因此放棄。殊不知只要開始，就永不嫌晚。明年所有的人都增長一歲，可是有人有收穫，有人依然空白—差別就在於是否開始。老人家學與不學英語，兩年以後都是七十，差別是：一個能開心地和自己的兒女快樂溝通，一個依然呆若木雞地站立一旁。

著名國畫大師齊白石，四十歲才開始學畫，直到六十歲前畫蝦還是要靠臨摹。六十二歲時，齊白石認為自己對蝦的領會還不夠深人，需要長期細心觀察和寫生練習。於是就在畫案上放一個水碗，長年養著幾隻蝦。他反覆觀察蝦的形狀、動態。然而，這個時期的功夫，還是側重在追求外形。所以，他畫出的蝦外形很像，但精神不足，還不能表現出蝦的透明質感。六十五歲以後，齊白石畫蝦有了重大突破，蝦的頭、胸、身軀都有了質感。之後他開始專攻蝦的某些部位，畫蝦不僅追求形似，更追求神似。七十歲時，齊白石畫的蝦達到了形神兼備的程度，到了八十歲，齊白石老人筆下的蝦幾乎是躍然紙上。

「晚了！晚了！……」

如果你反覆地念這兩個字，那麼你將發現迴響在你耳邊的是這兩個字：「完了！完了！……」那麼自己的人生也真的完了。

賽凡提斯三十四歲時依然一事無成，而且左手殘廢，但他並沒有沮喪地對自己說：

「晚了！晚了！……」更沒有對自己說；「完了！完了！……」

經過不懈的努力，他寫出了第一部小說《伽拉苔亞》，後來又寫出了《努曼西亞》，然而他一直很窮。直到賽凡提斯五十八歲時，他的《唐吉訶德》才得以出版。

可見，即使人已經錯過一段美好的青春時光，但一樣可以追求幸福，只要把握時間；即使已步履維艱地被光陰甩到了歲月的後面，一樣可以追求幸福，只要把握住時間。

想做就立刻去做

很多人遇到事情總是「先放在一邊」，說起話來總是吞吞吐吐、毫無重點，而且也不太相信自己會做出什麼成功的事情來。反之，意志堅強的人只要自己認定是對的，就大聲地說出來，遇到應該去做的事，就努力去做。

人生如果以八十年壽命計算，除去少不更事和老來不方便的十年，也不過二萬多天，再扣去睡眠的四分之一到三分之一時間，剩下的時間真可說一寸光陰、一寸金。所以還是把那些有意義的事趕緊列出來，想做就去做。

有一則故事《小領袖》，裏面描寫了一個凡事都遲疑不決的人，他嘴裏一直在嘮叨著非把那棵阻礙交通的樹砍去不可，但卻一直沒有動手去砍，任憑那棵樹漸漸長大。直到他鬚髮斑白時，那棵大樹依然屹立在那裡。他還是說：「我已經老了，應該去找一把斧頭來了！」

世上任何事情，如果不下決心去做，就永遠沒有成功的希望，要想獲得成功，就非得打定主意專心致志地去做不可。

布魯斯作為銷售執行委員會的七個執行委員之一時，往來走訪亞洲和太平洋區市場。某個星期二的上午，布魯斯給某市的推銷人員做了一次激勵性的談話。過二天晚上，他接到一通電話，是一家推銷金屬櫃的公司的推銷員意斯特打來的。

意斯特很激動地說：「我記住了你給我們的鼓勵：想做就去做！我重新檢視了我的客戶記錄，分析了十筆呆帳。我重覆了『想做就去做』這句話好幾次，並用積極的心態再去拜訪這十個客戶。結果我做了筆大買賣！」

你或許也懂得「想做就去做」的道理，但是你可能並沒有把這個原則應用到自己的經歷中，意斯特做到了這一點，所以你也能做到。

世上有多少人，都埋怨自己時運不濟，為什麼人家會成功，自己卻一點著落也沒有。其實，他們不知道造成失敗的主要原因是他們自己。他們一生其實也許毫無過錯，只因為自己的懦弱無能，於是在中途停頓下來，無力上進了。他們既沒有堅強的意志，又沒有持久的耐心，更沒有敢作敢為的決斷力。這些人如能及時覺悟，尋求一個適當的目標，打定主意，繼續不斷地努力，他們的前途仍是大有可為的。

「想做就立刻去做！」可以影響一個人各方面的生活。甚至，它能幫助人去做自己所不想做而又必須做的事，同時也能讓人去做那些想做的事。它能幫助人抓住寶貴的時機——這些時機一旦失去，就絕不會再回來——哪怕只是打電話給一位夥伴，告訴他，你很敬慕他。

記住，不管想要做什麼，只要你秉持一種積極的心態，想做就立刻去做，一定能夠達到自己想要的結果！

守時也守住千載良機

如果錯過了與他人約定的時間，那麼失去的將不只是他人的信任；但如果連與自己約定的時間都錯過了，那麼失去的將不僅僅是時間，甚至可能是自己人生的方向。

拿破崙說，他之所以能打敗奧地利人，是因為奧地利人不懂得五分鐘的價值。但在滑鐵盧一戰中，拿破崙的失敗也與他沒有把握好時間有關。如今競爭的社會中，迅捷和準時同樣重要。

許多渾渾噩噩最終一事無成的人，往往是因為沒有把握好自己最關鍵的「黃金七秒半」，往往就在幾分鐘之間，勝利與失敗、成功在轉瞬間大逆轉，與預期的結局大相逕庭。

所以，我們說恪守時間是工作的靈魂和精髓所在，同時也代表了明智與信用。

商場上大家都懂得，商業活動中某些重大時刻往往會決定以後幾年的企業發展。如果到銀行晚了半小時，票據就拒收了，而自己的信用評等也越來越差。守時，也代表了準備充分、溫文爾雅的風範。有些人總是手忙腳亂地完成工作，他們總是急匆匆的樣子，給人的印象就好像他們總是在趕一班馬上就要開動的火車一樣。這種沒有掌握適當的做事方法，很難會有什麼大的成就。

做事準時、從不拖延的習慣，往往是累積個人成功資本的第一步。有了這第一步，成功自然就會水到渠成。

更為重要的是，從不拖延是獲得他人信任的前提。它最清楚不過地展現，我們能有條不紊、出色地完成手中的事情。所以，守時的人一般都不會失言或違約，都是可靠和值得信賴的；而不守時的人，就得不到他人對自己的信任。

一位年輕人跟應聘公司約好了面試時間。但到了那天，他卻未能準時赴約。二十分鐘後，這位青年匆匆趕來。公司的部門經理問他遲到的原因時，他支支吾吾地說：「遲到一、二十分鐘，也沒什麼關係吧！」

部門經理很嚴肅地對他說：「能否準時赴約是一件極為要緊的事情。由於你的不準時，你已經失去了初試的機會。而且，你也沒有權利浪費我的時間，認為讓我等二十分鐘是不要緊的，因為每個人都還有很多事要忙呢！」

這個青年聽後，受到很大的刺激。自此之後他養成了守時的習慣，終於他得到了自己想要的工作。

沒有目標難成功

一個人如果沒有自己的目標，就像一艘沒有明確目的地的船，任何方向的風都是逆風。一旦確立了目標，並為此有所行動時，人生的風帆才能真正轉向受風面而快速航行。在航行的路上，狂風驟雨、雷鳴閃電，有可能讓人偏離航線。在航行的海上，也會有美麗的島嶼，誘惑人放棄航行。也還會有許許多多暗礁、險灘，要使人擱淺乃致沉沒。

為了完成自己的航行，為了到達成功的彼岸，必須始終把握住確定的航線。為此，心中必須有一個羅盤來指引方向，才不至於迷失，而這個羅盤要指引的就是自己的目標。

日本的本田宗一郎，在二戰前只是個汽車修理廠的工人，當他還是工人時，就盤算著自己要創辦一家生產運輸工具的工廠。這個目標在他心中確定後，他就傾其所有在戰後自立門戶，開了一家機車組合工廠。

戰後的日本，經濟十分蕭條。雖然情況不太好，但本田宗一郎未曾因此而放棄過目標。他立下志向：「沒有發電機，那麼，自己來研製，無論遇到多大的困難，也要把它做出來。有了發電機，機車才會有該有的前途。」

經過反覆研製，終於克服了種種困難，成功地研製出了本田摩托車。隨著日本經濟的恢復和發展，本田機車的市場佔有率高踞榜首。而支持他成功的「首要功臣」就是目標的定位。

任何人都應該從這樣的角度去思考：「這是我的選擇，是我心中的目標，我應該為自己做出正確的抉擇。即便我選擇的是殘酷的挑戰，我也會欣然接受，因為這是我要過的生活。」忠於自己想要確立的目標，人生的努力與奮鬥才能彰顯出與眾不同的莊嚴與美麗。

盲目是無知的表現

盲目是無知的表現，也是一種斷送人生的缺點，對待他人切莫如此！

有個耳熟能詳的寓言：有一隻老鼠生下了一個漂亮的女兒，老鼠總想為女兒找一個最有權勢的女婿。牠看到太陽的光亮耀眼，就巴結太陽說：「太陽啊！你多麼偉大、能幹，萬物沒有你，簡直就無法生存，你娶我的漂亮女兒做妻子吧！」太陽客氣地回答：「我不行，因為烏雲能遮住我，把你的女兒嫁給烏雲吧。」老鼠又去找烏雲，老鼠對他說：「你娶我的女兒吧，你有這樣神通廣大的本領，我真敬慕你。」烏雲說：「不行，我沒什麼本領，我比不上風，風一吹，我就被吹跑了。」老鼠一聽，原來風比烏雲更有本領，就找到風，對他說：「風啊！我可找到你了，聽說你很有本領，有權威，我願將我美麗的女兒嫁給你。」風一聽這無厘頭的話，緊鎖雙眉說：「誰稀罕你的女兒，你去找牆吧。他比我行！」老鼠一聽，又決定去找牆。牆偷偷地說：「我倒是怕你們這些老鼠，你們一打洞，我可就危險了。我不配做你的女婿。」老鼠一想：牆怕老鼠，老鼠又怕誰呢？牠忽然想起了祖宗的古訓，老鼠生來是怕貓的。牠就趕緊去找貓，點頭哈腰地說：「貓大哥，我總算找到你了，你聰明、能幹、有本事、有權威，做我的女婿吧！」貓一聽，倒是爽快地答應了：「太好了，就把你女兒嫁給我吧！最好今晚就成親。」老鼠一聽，貓大哥真不愧有魄力、有作為的男子漢，心想總算給女兒找到了如意郎君，於是喜孜孜地跑回家去，大聲對女兒說：「終於給妳找到好靠山了，貓大哥最顯赫、最有權勢；可享一輩子福呢！」當晚就把女兒打扮起來，請來了一群老鼠儀仗隊，打著燈籠、旗號，敲著鑼鼓，一路上吹吹打打，把女兒用花轎送到了新郎的住地，貓一看，老鼠新娘來了，等轎子剛進門，還未等新娘下轎，就撲了上去，一口將可愛的新娘吞進肚裏去了。

這個小故事，給了我們很好的啟發：盲目的人就如同那隻老鼠，不切實際，盲目行事，最後得到的只有悔恨。為人處世切忌不切實際，試問自己是否願意做那隻老鼠，送自己的女兒進貓口呢？

愛慕虛榮埋禍根

現今社會笑貧不笑娼，愛慕虛榮的人隨處可見，事實上，許多悲劇和社會問題皆源於此。

現今的年輕人追求物質外表的居多，雖說「愛美之心，人皆有之」，無可厚非。然而，也不時出現一些讓人覺得可笑又可悲的新聞。

一些未經世事的年輕人注重衣服首飾以及同儕間的吃喝玩樂，但家裏又不能供其揮霍。於是便誤入歧途地做起小偷，偷父母的、同學的、甚至老師的。有的甚至走上搶劫、販毒的犯罪之路。

因為虛榮心一旦形成後，它所結合的諸多不良的心態、習慣和行為，會讓人們只看到眼前的，而離成功越來越遠。當人虛榮時，便會變得自負，錯誤地以為自己的能力很強。可是應該明白的是，這樣的人往往比裝扮出來的要低劣、要差勁得多。如果私底下常常窘迫不已，但還是拚命地想出風頭，最終將什麼也得不到。一旦真相大白，也只有無地自容，厭惡自己，失去信心，錯失了使自己變得有價值的機會，到頭來，虛榮所帶來的也只是失敗而已。

戒除虛榮心是有方法可以參考的，只要平心靜氣地觀察一下自己，不要貪婪地盯著享樂，先成為自己的良友，然後成為別人的良友。這樣，對任何人都坦誠相待，便無形之中遠離了虛榮。

嘲笑別人就是嘲笑自己

以前有一個禿子，一天他出門在外，住進一家小店，對面住了個麻子。月光照在麻子的臉上；禿子越看越有趣，就忍不住吟出一首詩：

臉

天排

糯米篩

雨灑塵埃

新鞋印泥印

石榴皮翻過來

豌豆堆裏坐起來

禿子把麻子罵個痛快，很是得意忘形。就對麻子說：「朋友，你能也從一個字吟到七個字嗎？」

麻子說，「你吟罷了，我再模仿便沒有意思，不妨我從七個字吟到一個字如何？」

麻子就吟出一首詩：

一輪明月照九州

西瓜葫蘆繡球

不用梳和蓖

蟲虱難留

光不溜

淨肉

球

禿子一聽羞得滿面通紅，再也說不出話來。戲弄別人，卻被他人嘲笑，這便是心地不好的人的下場—自取其辱。

卡耐基警告人們：「要比別人聰明，卻不要告訴別人你比他聰明。」這告訴人們，任何自作聰明的批評都會招致別人的厭煩，而缺乏感情的責怪和抱怨則更有損於人際關係的發展。

在日常生活裏，常會發生此種情形：你覺得和某個人說話很無聊。那個人通常是個陰沈、言而無信，又喜歡說別人壞話的人。此種芥蒂只會使彼此處得更不融洽。如果認為對方是個沒有內涵的人，不管是否將此事說出，都會讓自己的人際關係變得狹窄起來。要知道，永遠自以為是，動輒責備他人的人，絕對是會令人生厭而自討沒趣。

羅賓森教授在《下決心的過程》一書中說過一段富有啟示性的話：

「人，有時會很自然地改變自己的想法，但是如果有人說他錯了，他就會惱火，更加固執己見。人，有時也會毫無根據地形成自己的想法，但是如果有人不同意他的想法，那反而會使他全心全意地去維護自己的想法。不是那些想法本身多麼珍貴，而是他的自尊心受到了挑戰……。」

因此，不到不得已時，絕不要自作聰明地批評別人。

萬事通不如一事精

現代社會是一個高度分工的社會，只有業有所精，技有所長，使自己在某一領域中有過人之處，才能獲得更多成功的機會。而自認為是多才多藝，其實是樣樣不精，無法在那一領域綻露頭角的。

當電腦自動化的技術還未誕生時，在工商管理方面極負盛名的哈巴德曾經這樣說：「一架機器可以取代五十個普通人的工作，但是任何機器都無法取代專家的工作。」

果然，現今數以萬計的工作都可以由機器取代了，但專門人才的地位還是穩如泰山。因為沒有這些專家來操縱機器，機器就會形同廢物一般，毫無用處。

法國文學家雨果說：「只要是學有專長，就不怕沒有用武之地。」可見，只要自己能在某一領域中學有專精，就能有所作為，主導意見走向。

多年來，羅伯特自認為自己有多方面的才華和興趣，但這卻把他弄得狼狽不堪。大學時，他主修經濟，畢業後到一家出版公司工作了幾年後，又回到學校念了個企業管理碩士學位。

學成之後，羅伯特到一家公司做諮詢顧問，他認為那家公司有生意可做，但至於什麼生意，他自己也說不清楚，因為他認為如果能說清的話，公司就會限制他的服務範圍。這與他自認為無所不通的信念是相抵觸的。

羅伯特很少拒絕客戶提出的要求，似乎他能解決所有的問題。為了提供正確的指導，他工作得非常認真、辛苦。由於他非常聰明並且凡事不屈不撓，因而總是能夠比較從容地應付解決客戶的問題。

羅伯特一直致力於使自己無所不能。他一直很喜歡用一句話來形容他自己的工作：「發現問題，解決問題。」他把自己比作救火員，總是自豪地說：「公司總會有什麼地方發生問題，接著警鈴響起，然後就來找我萬能的羅伯特，由我先去搶救。專業諮詢顧問就應該是這種樣子，要能應付所有的問題。」

但實際上呢？羅伯特的公司一直經營得沒什麼起色，請他做顧問服務的客戶，大都對他的服務表示滿意，但卻很少有再次向他諮詢的。

羅伯特絕對不是一個特殊例子。根據美國某調查機構連續對三百五十位企業管理碩士所作的追蹤研究顯示，羅伯特的情形發生在很多自行創業沒能成功的人身上。

對於一個人的事業而言，最大的危機就是業不精專，沒有一項自己的專長。根據調查，人們發現這樣一個非常有趣的現象：現代教育培養起來的企管碩士往往執著於自己的方法，發展專長的範圍雖然有限，但十分專精，而自行創業的人比較喜歡凡事一把抓，以至於專業無法專精。沒有人限制他們在某一專業領域發展所長，他們也認為沒有必要總把自己局限在那裡。他們常常慶幸能有較多的發展機會，而這些恰好正是造成他們失敗的最主要因素。

所以，如果想獲得更多的成功，最好放棄「懂得越多，機會越多」的想法，而接納「鑽得越深，機會越多」的想法。必須讓自己在某一方面有所專長，並且出類拔萃。

另外，如果某一方面很精通，而在其他方面懂得不多，甚至一竅不通；不要不好意思承認自己在這方面的知識膚淺，不要充當這方面的專家，應該勤於向別的專家請教。你要記住：聞道有先後，術業有專攻。

敬人者人恆敬之

《聖經．馬太福音》教導人們說：「你願意他人怎樣待你，你也要怎樣待人。」這一句道出了人際的真諦。你得承認，生活對每一個人是不公平的。這是在強調一種事實：生活得如何由自己來決定。若積極而努力，生活便幸福安祥，若消極而懶惰，生活當然愁苦而無味。

有個來自城裏的孩子，初次和父母到山上的叔叔家渡假，他興奮地說了一聲：「喂！」沒想到山谷中也回了一聲：「喂！」

他以為是有人跟他開玩笑，就大聲說：「你是誰？」回答居然也是：「你是誰？」

小孩有點生氣了：「你給我出來！」回答也是「你給我出來！」

小孩這下可更氣了：「我要揍你！」回答也一樣：「我要揍你！」

這個小孩氣得告訴媽媽說有人戲弄他。聰明的媽媽當然知道那是山谷中的回音，就告訴孩子，你現在對他說：「我愛你！試試看。」

當孩子試著如此說時，果然聽到是「我愛你」的回音。這個故事說明，別人的反應可能正是我們自己的寫照，心與心其實是互相回應的。試著用一個熱忱的態度去面對周圍的人，必然會得到奇妙的回音。

拿破崙．希爾告訴我們，一個人的心態幾乎可以決定了自己人生的成敗，這是因為：

一、我們怎樣對待生活，生活就怎樣對待我們。

二、我們怎樣對待別人，別人就怎樣對待我們。

三、我們在一項任務剛開始時的心態，決定了最後有多大的成功，這比任何其他因素都來得重要。

四、人們在任何重要組織中地位越高，就越能找到最佳的心態。

因此，可以這樣說，我們的環境完全由我們自己的態度來創造。試著觀察一下生活，你會發現，人們的心態具有很強的感染力。正是這種感染形成了我們生活的環境。

有一所修道院，過去曾經輝煌一時，吟唱頌經之聲不絕於耳。但是經過漫漫歲月，過去的光景不再，門可羅雀，眼看這所修道院就要關門了。

老院長的心情非常沉重。他久聞某座山上有一位哲人，充滿了智慧。因此，經過長途跋涉，他請教哲人有何振興修道院的辦法。

哲人回答：「我沒有什麼好辦法，但你知不知道，你們修道士當中有一個是耶穌喬裝的？」

回到修道院，老院長和大家分享這段經歷，每個人彼此相互注視，同時也在心中猜想，到底哪一個最有可能是耶穌裝扮的？

由於耶穌或許喬裝成任何人的樣子，因此人人都有可能。不久，這所修道院彌漫著一股祥和之氣，修道士彼此都十分的友好，大家相互尊重。

沒有多久，這所沒落的修道院，慕道者又絡繹不絕，參加靜修的人越來越多，修道院又再次恢復了往日的興盛。

刻意模仿成就有限

有一句諺語說：「不曉得明天該做什麼的人，是不幸的人。」其實，這也是很多人共有的缺點。他們在決定某件事情或採取一項活動時，總要模仿別人的做法，毫無自己的主見，這造成了千篇一律了無新意的複製品。作為一個有個性的人，要有自己的主見，千萬不要人云亦云，老是拾人牙慧。

有一個人帶了一些雞蛋在市場販賣，他在一張紙板上寫著：新鮮雞蛋在此銷售。有一個人過來對他說：「老兄，何必加『新鮮』兩個字，難道你賣的雞蛋不新鮮嗎？」他想一想有道理，就把「新鮮」兩字塗掉了。

不久，又有人對他說：「為什麼要加『在此』呢？你不在這裡賣，還會去哪裡賣？」他也覺得有道理，於是又把「在此」塗掉了。

一會兒，一個老太太過來對他說：「『銷售』二字是多餘的，不是賣蛋，難道會是白送的嗎？」他又把「銷售」擦掉了。

這時來了一個人，對他說：「你真是多此一舉，大家一看就知道是雞蛋，何必寫上『雞蛋』兩個字呢？」

結果，他把所有的字都塗掉了。

先不必去想那個賣蛋人寫的字是否合理，要記住的是，**任何時候做任何事情，都先要清楚知道自己在做什麼，他人的意見只能成為一個參考，是不能取代了自己的主見的。**

一個人的主見往往代表了一個人的個性。

你嘗試過像別人那樣生活嗎？還是你一直保持著自己的個性，以自己的方式生活著？

你是你自己，永遠都不會成為別人，因而要做一個真正的自己，就要保持你獨有的個性。記住這一句格言：堅持做你自己，永遠不要模仿。

一個人養了一隻狗和一頭驢。這個人總是愛和狗玩在一起，每次到外面用餐，都不忘帶一些骨頭回來給小狗，當小狗搖著尾巴走上前時，就把骨頭給牠吃。

驢看到了，心裏很羨慕，也跑過來又蹦又跳，結果一伸腳就把主人踢倒在地，主人很生氣，立刻叫人把驢子送走，還用棍子打了牠一頓。

每個人都有不同的特質，東施效顰為什麼很醜，就是因為東施失去了她自己的特質。或許東施本來不醜，但她因為扭曲自己的個性，硬學西施的樣子，終於把自己搞成什麼都不是的醜八怪。所以，尊重上蒼所賦予的才能，那才是適合自己的，一味地模仿，只會徒增煩惱。

另外一個故事是這樣的：

一群站在樹枝上的麻雀對其中一隻說：「我們全都是迎風站立，只有你跟我們站得相反。」

「我就是喜歡這樣，我礙著你們嗎？」那隻麻雀不服地說。

「你破壞了團體精神，是一隻不合群的鳥。」

所有的麻雀一致地譴責牠，但是這隻麻雀仍然一意孤行。牠們依然迎風站立，只有這隻麻雀繼續站在相反的方向。

這個時候一隻大花貓潛行到樹叢後面，由於大家都是朝向著迎風面，沒有察覺到花貓的出現。

當花貓準備一躍而出時，那隻站立方向和別人不一樣的麻雀及時看見，大聲叫喊：

「貓來了！快逃！」其他的麻雀立刻聞聲飛走，這隻特立獨行的麻雀救了大家一命。

現實之中，正確的意見有時掌握在少數人手中。一旦成為這樣的少數人時，要懂得堅持。唯有堅持，才能使個性展現美感。

追求完美反而不美

社會上，有很多人庸庸碌碌一輩子，是因為他們做事，非得等到事情百分之百的有利，而且萬無一失時，才肯去行動。當然，我們可以追求完美，但是人間的事情沒有一件事是絕對完美。等到所有的條件都完美以後才去做，只會不斷地等下去。

韋伯快四十歲了，他受過良好的教育，是一家很有名氣的律師事務所的律師。韋伯最大的心願就是早點結婚，過著充滿愛情的甜蜜生活。不久，他終於找到了一個夢寐以求的好女孩。她端莊大方、聰明漂亮又體貼。但是，韋伯還要證明這件事是否十全十美，有一天晚上，當他們討論婚姻大事時，女孩無意中說了幾句坦白的話，韋伯聽了有點懊惱。

為了確定他是否已經找到理想的對象，韋伯絞盡腦汁寫了一份長達四頁的婚約，要女友簽字同意以後才結婚。這份文件整齊而又漂亮，看起來冠冕堂皇，內容包括他能想像到的每一個生活細節。其中一部分是關於宗教方面的，裏面提到了上教堂的次數，每一次奉獻金的多少；另一部分與孩子有關，提到他們一共要生幾個小孩，在什麼時候生。

他把他們未來的朋友、他太太的職業、將來住在哪裡等等，都不厭其煩地事先計劃好了。在文中末尾又花了半頁篇幅，詳列女方必須戒除或必須養成的習慣，例如：抽煙、喝酒、化妝、娛樂等等。

準新娘看完這份文件，勃然大怒。她不但把它退回，又附了一張便條，上面寫道：「一般婚約上有『有福同享，有難同當』這一條，對任何人都適用，當然對我也適用。我們從此一刀兩斷！」

故事中的韋伯，如果總是追求完美，那麼可以肯定的一點是，他必定會永遠也結不了婚。

有時成敗之間的差距小到了極點：一個機會把握不好，就會出現盛衰之間的轉變。美國吉列公司因遲遲沒有把自己的不銹鋼刀片投入市場，導致被競爭者搶先一步，遭受重大損失。

在一九六二年以前，吉列公司壟斷了美國的刮鬍刀市場。它生產的超級藍光刀片暢銷美國，是刀片系列中的核心商品，也是利潤最好的產品。這種刀片是用碳鋼製成的，雖薄而鋒利，但很不耐用。

一九六一年，英國的不銹鋼刀片在美國上市行銷，因其使用次數多，受到美國顧客的青睞，但由於輸入數量不多，沒有造成對吉列公司的威脅，也就沒有引起吉利公司的注意。但一派繁榮景象後面，一場吉列發展史上最大的危機悄悄孕育著。

一九六一年，在刮鬍刀的製造工藝領域中，出現了一場劃時代意義的革命。在這一年裏，英國的威克遜公司，在世界上第一次用不銹鋼製造刮鬍刀獲得成功。這種不銹鋼刀片具有許多優異的特點：極富彈性，不易折斷，重量很輕等等，然而最重要的一點是它成本極低，而且又可以連續使用多次。

威克遜公司推出不銹鋼刀片後，在英國立即引起轟動，銷量直線上升，到一九六二年，就完全佔領了英國市場，與此同時，吉列刀片公司的老對手—美國精銳公司和安全剃刀公司，敏銳地洞察到這個千載難逢的機會，隨即於一九六三年年初，把自己的不銹鋼刀片推向市場。一時間，不銹鋼刀片在美國市場上聲名鵲起。很多吉列的忠實消費者也開始轉向不銹鋼刀片。

不銹鋼刀片的異軍突起，給吉列拉響了警報。顯然，不銹鋼刀片市佔率的不斷擴大，嚴重影響了吉列的市場地位。此時，吉列有兩種選擇：

一、立即推出自己的不銹鋼刀片，這樣可以使吉列已有的既有市場不被侵蝕，而且用不了多大的促銷費用。但這樣做，將會對「超級藍光」的市場造成強烈衝擊，甚至放棄「超級藍光」，因而需要很大的決心和勇氣。

二、對不銹鋼刀片不予理會，加強一切行銷作為，增加對「超級藍光」刀片的促銷，以保住甚至擴大自己的市場佔有率。這樣對吉列來說，是輕而易舉，無需太多氣力，但意味著在不銹鋼刀片市場上有可能陷入被動。

吉列經過分析決策，認為「超級藍光」碳鋼刀片與不銹鋼刀片相比，存在兩方面的突出優勢：

一、「超級藍光」碳鋼刀片的質量優異，並且很穩定，而不銹鋼刀片剛剛面世，品質不夠穩定。

二、不銹鋼刀片的目標消費者是中低水平收入者，而「超級藍光」碳鋼刀片主要面向高消費者。

在經過這番分析後，他們認定：從長遠看，碳鋼刀片將和不銹鋼刀片井水不犯河水，「超級藍光」的市場地位不會動搖。因此，犯不著「杞人憂天」，於是，他們最終採取了第二種決策，先不理睬不銹鋼刀片，全力鞏固自己「超級藍光」的市場地位。

然而事實證明，這是一個極端錯誤的決策。經調查發現，如果不銹鋼刀片能連續使用八次，而刀口不鈍，一般消費者就會選擇不銹鋼刀片，而一般不銹鋼刀片的使用次數均在十五次以上。由此，不銹鋼刀片的推廣，將碳鋼刀片的大部分顧客搶過去。

在吉列的決策做出後不久，事態的發展便急轉直下，令吉列的決策者們瞠目結舌。不銹鋼刀片在市場上成為主流商品，安全剃刀公司和精銳公司，充分利用吉列無動於衷的大好機會，增加促銷費用，大力宣傳不銹鋼刀片的經久耐用，物美價廉，使不銹鋼刀片的銷售不斷上升。在強大的促銷攻勢下，吉列的新老顧客紛紛投入了不銹鋼刀片的懷抱。吉列的碳鋼刀片銷量不斷減少，市場佔有率降至吉列有史以來的最低點。

至此，吉列的決策者們才意識到問題的嚴重性。於是，吉列公司快速動員公司各級力量，於一九六三年秋，向市場推出了自己的不銹鋼刀片。

然而，亡羊補牢，為時已晚！吉列公司推出不銹鋼刀片比精銳公司和安全剃刀公司，整整晚了六個月。但就是這六個月，使吉列失去了進入市場的最寶貴時機。

一九六三年和一九六四年，吉列公司在市場上佔有率，從原來的七〇%降到五〇%；利潤也下降了一成之多，投資報酬率從四〇%降到不足三〇%，而且難以恢復。

如今，四十多年過去了，在這期間，世界刮鬍刀片市場上龍爭虎鬥，幾經沉浮，雖然吉列還是牢牢佔有市場的霸主地位，但那段慘痛的教訓，一直銘刻在心。

故步自封進取難

不少人偏愛自己的小世界，甚至可以說是把自己關在與外部世界完全隔絕獨立的象牙塔中自我欣賞，這種人大部分不僅對自己沒有信心，自卑感重，還會產生自我封閉的思想，用消極的態度去應對外部世界。他們把自己封閉在象牙塔中，覺得自己想做什麼就可以做什麼，完全可以不動腦筋就能維持目前的安樂。

但如果他們走出自己的象牙塔，接通和外部世界的聯繫，就會發現原來這世界是如此多彩多姿、趣味無窮。

在一個釣魚池旁邊，一群喜歡釣魚的人正在垂釣。但似乎每個人的運氣都很不好，沒有一條魚上鉤，因此當其中一位M先生釣到一條破紀錄的大魚時，大家都為他喝采。而這位M先生表情卻非常奇怪，他兩手捧著魚目測魚的大小後，竟搖著頭將魚放回魚池裏。雖然周圍的人都很驚訝，但畢竟這是人家的自由，大家也只好若無其事地繼續垂釣。接著，M先生又釣上一條大魚，他看了一下又把牠放回魚池裏，大家都覺得奇怪。等到第三次M先生釣到一條小魚時，他才露出笑臉並將魚放進自己的魚簍裏，準備回家。這時有一位老人問他：「雖然來這裡釣魚的人只是為了興趣，但你的行為卻令人不可思議。頭兩次釣上來的魚你總是放回水裏，而第三次你釣上來的魚非常普通，在任何一個魚池裏都可以釣到；你卻如獲至寶般地將牠放回魚簍裏，這是為什麼呢？」

M先生回答說：「因為我家所有的盤子中，最大的盤子正好只能放這麼大的魚。」

看了上面的這個故事，不知道你是不是意識到：人常常在不知不覺中，以自己目前僅有的見識，來約束自己所希望得到的東西。

就像那位M先生，若是家裏沒有大盤子，他是可以將魚切割開來，或是購買更大的盤子。這些都是解決的辦法，但是M先生的「潛意識」卻只限定在某一個定點上，沒有思考到其他的辦法。

所以說一個人如果存有自我封閉的心理，目光短淺，毫無努力進取的精神，恐怕很難獲得更大的成就。要知道人生僅有一次，若只在乎「小盤子」，將會變成一個狹窄的人生，而人生所謂的「盤子」，應該立足既有的信念，將它擴大為大盤子，才能得到更寬廣的人生。

為工作而工作

一個人的工作態度如果是為衝動所支配，迫使自己不停地工作，拚命追求成就和別人的讚美，就會成為工作的奴隸。心理學家把這種人叫做「工作狂」。「工作狂」的生活煩惱重重，他們沒有歡樂，除了工作之外，沒有娛樂。

你一天平均工作幾個小時？八小時、十二小時，還是夜以繼日、無休無止地工作？對大多數人來說，現在拚命工作，是為了將來可以「提前退休」或「不必工作」，希望有朝一日能生活舒適，過著享樂的日子，所以現在才努力工作。但對某些人來說，他們之所以工作，是因為他們無法從工作中自拔，離不開工作；他們就像一台高速運轉的機器一樣，完全無法讓自己停下來。

如果你屬於前者，那說明你還正常；但如果是後者，恐怕你已經對工作著魔，並犯了工作上癮的毛病。換句話說，你已經變成了一位「工作狂」。

我們前面提到無論從事哪種職業，都應有「敬業精神」，而所謂的「敬業精神」是指以認真負責的態度做工作，而不是日復一日、年復一年地超負荷工作。要分清是「你」在做「事」，還是「事」在做「你」，「熱愛工作」與「工作上癮」是截然不同的。

工作的態度是過猶不及的，強烈驅迫自己和消極倦怠同樣對自己無益。因此，人不應逃避工作，而要找到適合自己能力和興趣的工作，這樣就不必承擔過重的心理壓力。讓自己適應工作情境才能使自己的能力，得到較好的發揮。

生物學家達爾文每當研究與寫作時，就告訴家人別來吵他，因為他要工作賺錢養家活口。有一天，他四歲的孩子捧著一個儲蓄罐，來到達爾文的書房說：「爸爸！你不要工作賺錢了，請陪我玩，我把罐子裏的錢都送給你。」達爾文聽了孩子天真的話，非常感動，趕緊放下工作，陪孩子玩。達爾文是工作的熱愛者，但他知道除了努力工作之外，還有更重要的事──生活。

工作是生活的一部分，愛工作的人當然也會喜歡生活，讓生活變得有情趣。「工作狂」就不然，他們依賴工作，把工作當做麻醉自己的手段，或者被工作驅策宰制。他們看來勤奮不已，然而，一旦不工作，就會覺得生活頓時失去重心，無所適從，甚至崩潰。

工作與成就有關，但工作的態度卻決定你的人生是否成功，生活是否幸福。人當然要努力工作，但必須是熱愛工作的人，而不是做一位工作狂。

要懂變通別死守老套

生活中，每個人都難免會做一些傻事。有時候，這些傻事會傻到讓人吃驚，但卻又避免不了。其中的原因很簡單，腦筋太直，不懂得變通。

《呂氏春秋》裏說，楚國有一個人搭船過江，一不小心，身上的劍掉進了河裏。同船的人都勸他下水去撈，但他卻不慌不忙，從身上拿出一把小刀，在劍落水的船邊刻個記號，有人問：「做什麼用呀？」他回答說：「我的劍就是從這個地方掉下去的，我做個記號，等會船靠岸時，我就從這個有記號的地方下水去把劍找回來。」船靠岸時，他就這樣去找劍，結果當然是找不到的。

刻舟求劍，是一種刻板的思維方式。如果用這種方式去做事，絕對不會得到預期的效果。再看一個例子：有一個人想去買鞋，特地先在家裏量好了腳的大小，並且畫在紙上。

但是出門後他忘了帶在身邊，在鞋店拿起鞋子要度量時，才發現沒有帶來，急急忙忙地跑回家。

但等他再來時，鞋店卻已經關門了。旁人不解地問他：「當時你為什麼不直接在鞋店試穿呢？」那人回答：「我畫在紙上的尺寸是最可靠的啊！」

有時候，周圍的環境變了，我們卻沒變；有時候，周圍的環境沒變，我們卻變了。這時候，如果固執一端，必然會吃大虧。明智的做法是，調整自己，該變則變，不該變時，以不變應萬變。

關於皮鞋的由來，據說有一個典故。

早期沒有鞋子穿，人們走在路上，都得忍受碎石札腳的痛苦。後來，有一個太監把國王的所有房間全鋪上了牛皮，當國王踏在牛皮上時，感覺雙腳非常地舒服。於是，下令全國各地的馬路上，都必須鋪上牛皮，好讓國王走到哪裡，都會感覺舒服，但是如此一來就算全國的牛都殺掉了也還不夠鋪路。

有一個大臣建議：不需要如此大費周章，只要用牛皮將國王的腳包起來，再拴上一條繩子就可以了。

於是，無論國王走到哪裡，都感到舒服。故事中的大臣是聰明的，他的變通使舒服與節約兩全其美。

有一個人在院子裏劈柴，一下午，他都在汗流浹背地工作。鄰居看他工作了老半天，好奇地問他：「你在忙什麼啊？」

他搖搖頭指著那一堆木柴說：「忙了一下午，這大概是世界上最硬的木柴了，我簡直劈不動它。」

鄰居看看那些劈不開的木柴，笑著說：「讓我瞧瞧你的斧頭。」他接過去看了一下，就說：「難怪你辛苦不討好，你看，斧頭上的刀口都鈍了，先把斧頭拿去磨一磨，就可以省去許多力氣。」

一般來說，經驗是我們的寶貴財富，我們常常以過去的成敗來看將來的機會。但是，經驗也常常限制了我們的思想，使我們看不到新東西，創造不出新方法。

有一個小女孩，看著媽媽在做飯，好奇地問媽媽：「為什麼妳每次煎魚都要把魚頭和魚尾切下來，另外再煎呢？」

媽媽被問傻眼了，回答說：「因為從小看見妳的外婆都是這麼做的。」

於是，她就打電話問她的母親。原來，過去家裏的鍋太小，無法擺下一整條魚，所以她的母親才把魚的頭、尾切下來另外煎。關於經驗帶來的限制，也可以從大自然中找到極好的例子。

你在實驗室裏可以看到，一些很小的昆蟲能跳得很高，但不會超出一個預定的高度。比如跳蚤，似乎都默認一個看不見的最高限度。你知道這些跳蚤為什麼會限制自己跳的高度嗎？開始受訓時，跳蚤被放在一個有一定高度的玻璃罩下。開頭，這些跳蚤試圖跳出去，但撞在玻璃罩上，這樣跳了幾下之後，牠們就不再嘗試跳出去了。即使拿走玻璃罩，牠們也不會跳出去，因為過去的經驗使跳蚤認為，牠們是跳不出去的。這些跳蚤成了自我限制的犧牲品。

做人也是如此，如果總是依賴經驗，就會限制了自己。所以，要懂得變通不要死守老套讓自己無從進步。

與主管保持適當距離

在職場上，主管是關係到自己發展前途的關鍵人物，因此保持與主管的良好關係就顯得尤為重要。但偏偏有些人，視主管為洪水猛獸，不敢與主管做必要的交流與溝通，於是喪失了展示自己能力的機會。

阿全是一所國立大學畢業生，專業成績相當好，而且為人也很熱情，知道他的人無不伸出大拇指來稱讚他。可是技術歸技術，人緣歸人緣，阿全無論怎麼努力好像都得不到主管的賞識。為此，阿全很苦惱也很消沉。後來一直住在南部的父親來台北看望阿全，知道他的情況後，經過一番分析，對憂鬱的兒子說：「孩子，你什麼都不差。但是做人啊，一定要大膽一點。你與同事關係好是應該的，但不該總躲著主管，不是去巴結他，而是正常積極地接觸，你的主管會喜歡你的。」

這一招果然奏效，不久阿全終於得到晉升，成為公司最年輕的部門經理。後來我們從阿全父親那裡才得知，阿全從小就膽子比較小，在上小學的時候就因為不善於和老師交往，見了老師就像老鼠見了貓一樣，總覺得心裏害怕，所以一直都默默無聞。甚至在高中的時候為班上做了很多事情，但是因為不懂得和老師溝通交流，還差點升不了級。做父親的當然瞭解阿全的脾氣了，就逼著阿全跨出了這艱難卻很有意義的一步，最後真的成功了。

對自己的主管敬而遠之，不敢與其接觸，這在我們生活中是經常見到的情況。又沒有做虧心事，何必害怕跟主管溝通呢？與主管建立好關係往往能夠讓主管更加瞭解，或者是激發他對你的興趣。在他用人的時候，才會自然地想到你。

對主管的態度既要尊重又要熱情，自然而大方，沒必要躲得遠遠的，也不宜過分親熱巴結，低三下四。說穿了，一切的基礎還是要有實力，與主管的交往只是人際交往中較為重要的一環而已。

說話模稜兩可

人與人之間缺乏清楚、直接、恰當的溝通，常常是造成時間浪費的原因。法國十七世紀哲學家、戲劇家和歷史學家伏爾泰曾經說：「上天賜予人類語言，是要使他能夠隱藏他的真正感覺。」這句話描述了我們這個世界上常常發生的實際情況，而不是應該有的情形。例如：

一、在我們和老闆、同事和部屬講話的時候，常常說一些自己認為應該說的，或認為別人喜歡聽的話，而沒有表達出真正的意向。

二、我們不明確表示自己態度，反而稱之為說話有分寸。

三、我們說些模棱兩可的話，反而稱之為善於處理人際關係。

四、當部屬把一件工作做得不太令人滿意的時候，我們還客氣地稱讚他，然後把改正工作的事留給自己做，而不願意明白地說出我們原來期盼的究竟是什麼。

對部屬過於縱容或對主管的態度表示不明確的做法，都大大浪費了彼此的時間。坦誠的溝通對每一個相關的人都有好處，大家都可以清清楚楚瞭解狀況，也不會浪費時間繞圈子。

當然這並不是說講話就不要注意分寸、隨口亂說。當表達不滿的時候，記著一項基本原則，那就是所談的話題要對「事」不對「人」。我們不要只是指責一名員工哪裡做得不好，而要幫他分析做出哪些地方有缺陷，可以如何改進，這樣才有助益。

明白地說出自己期望的究竟是什麼，這樣可以節省周遭每一個人很多時間。如果一名部屬所做的事情根本在浪費你的時間，最好的辦法就是簡單、直接地說出來。要讓你的部屬或主管明白，你很在意時間的使用效率，並且需要他們幫忙配合。

如果有好幾個直接帶領的部屬，他們可能會認為你是他們有效運用時間的一個障礙。也許很多部屬的工作日誌中，都有「老闆干擾」、「老闆交下繁忙的工作」或「老闆猶豫不決」等字眼。你的部屬可能出於禮貌或是因為膽小而沒有把這些情形告訴你，但是要知道，自己確實給部屬造成了時間運用方面的困難。因為你的成就與他們的表現和士氣有密切的關係，當然你就要為此付出很高的代價。

如果一個人能稍微謙虛一點，就可以緩和這個問題。要向部屬說清楚，你瞭解他們的工作有時比你的工作更緊急，如果兩者有衝突，他們應該做出客觀的判斷，最好先商量一下，而不應該自動地對任何上級的要求都給予最優先順序。

還有，鼓勵部屬及時訂出一份工作時間表，同時自己也要有一份，其實你比部屬更需要有效的時間管理法，因為職掌的關係，因此你管理時間的效率對整體業務的結果影響會更大。

鼓勵部屬去「管理老闆」。讓他們知道，你已體會到他們的行動是如何管制你的時間，並且尊重他們的時間，這樣他們也會尊重你。

做事不能果敢決斷

當我們努力去做一件事卻怎麼也做不好的時候，不妨先停下來，不要再把時間投注到這種沒有結果的努力上，要先分析問題所在，看看能不能找出解決問題的辦法。

一、缺少事實資料─如果不充分掌握事實資料，自然就不能順利地寫好報告，或準備演講，或計劃好競選。只要資料掌握充分，大功就成了一半。

二、看法不一致─與主管意見不一，往往讓人左右為難，因為在內心深處根本就不相信該項工作會有什麼價值，或者不相信主管指示的可行性。那就不要被這種內心的不安來折磨，要面對事實，分析利弊，並且大膽地去找主管，提出不同的行動方案。如果主管不同意，若是小事，就快一點把它做完，然後把它忘掉。若是大事，而且常有類似的情形發生，那你就要另找一位主管說明情況，分析利弊。

三、無從下手─或許某一專案太大了，實在想不出該如何著手，那就要運用前面我所提到的「分段實施法」。

四、身在廬山，不識廬山真面目—或許陷入該問題之中，而看不到問題的全貌，那要虛心地向別人請教。不論他們有沒有好的見解，只要向他們解釋情況，往往就能整理出自己的想法，有時還可以幫自己找出解決問題的途徑。

五、身體過於疲倦—創造性的想法是強迫不出來的。如果很努力地要解決一個問題而沒有任何進展，最好的辦法是把它留到明天做，先讓潛意識來接管。有時候，解決問題的方法會不知不覺就冒出來了—甚至在半夜裏。已故的亨利．凱撒每晚睡前都給他的潛意識「指定」一個問題，讓自己的潛意識去解決。他發現常常在早晨三點鐘提供給他答案，因此他總是在床頭櫃上放一支鉛筆和一張紙，以便隨時記下，這樣當他回頭去睡覺時就不必擔心會忘掉了。

有些人做事猶豫不決，如果連小事都猶豫不決，難於做出決定並為此而痛苦，害怕選錯了對策，那就要記著：猶豫不決差不多是你要犯的最壞的錯誤了。如果選擇一項看起來比較好的方案，充滿信心地宣布出來，並且全速實行，所得到的結果，通常要比長期為難地下決定而痛苦要好得多。

有些決定屬於重大決策，例如要不要改換工作等，必須要仔細盤算，不應該草率而定。但是一旦得到了事實真相也掌握了情況，就可以做決定，不要再徘徊於利弊之間，這樣才能將全部心力用於決心的實現。

至於小的決定──我們每天都會碰到各種尋常的決定──一般而言，是決定得越快越好。如果要拖延到擺平「全部」異議後才做決定，就永遠不能做好事情。

常做無謂的埋怨

「這破車怎麼又壞了」，「這鬼天氣，又颳風了」，「真倒楣，這支股票又被套牢了」……

我們周圍常有這樣的朋友，他們好像從來就沒有過順心的事、順利的時候，只要與他們在一起，都會聽到他在不停地抱怨。高興的事從沒聽說過，不順心的事總掛在嘴上。他不但把自己搞得很煩躁，也把別人搞得很不安。

我就有這樣一位朋友，我們相識多年，可是從來就沒有從他嘴中聽到他說過：「今天真高興、今天天氣不錯」等等，這樣讓人心情輕鬆舒暢的話語。彷彿隨時他都會有不開心的事，也總在不停地抱怨著。

其實，他所抱怨的事也並不是什麼大不了的事，都是日常生活中其他人也會遇到的芝麻綠豆小事，有些事是不可避免的，有些事是無力改變的，有些事情是無法預測的，能補救的則盡力補救，無法改變的也就坦然受之，調整好自己的心緒去做應該做的事情。

但有的人就像我這位朋友一樣，只要遇到不高興的事就掛在嘴上，搞得自己的情緒很糟。在這樣的精神狀態下，不難想像，他犯錯誤的機率自然要比別人高，許多新的不順又在後面等著他，那麼他又開始新的一輪抱怨—沮喪—出錯—倒楣……他自己還不明白：「我運氣為什麼總是這樣差，那些能力不如我的人為什麼幹得總比我好，他們的運氣總比我好？」

「萬事如意」是人們真誠的祝福，但我們要清醒地認識到，那只是一個美好的祝願而已，真正的生活中不如意之事常常發生。我們不可能保證事事順遂，要坦然面對，該放則放，不要把一些垃圾堆積在心裏，把烏雲罩在臉上，把牢騷總掛在嘴上，否則自己總會是個倒楣鬼，周圍的朋友也覺得你煩人。

把希望寄託在別人身上

生活中有兩類人：一是非常清楚自己該做什麼的人，可稱為清醒型；一是糊裏糊塗不知怎樣打發日子的人，可稱之為迷糊型。在現實中，很多年輕人都屬於清醒型的人，能夠為自己所確立的目標孜孜以求。但也有很多年輕人自己沒有明確的生活目標，而把希望寄託在別人身上─例如某一個能幫大忙的貴人的身上，這是錯誤的，因為這是迷糊的人生態度。

目標是對於所期望成就事業的真正決心。沒有目標，不可能發生任何事情，也不可能採取任何步驟。正如空氣對於生命一樣，目標對於成功也有絕對的必要。如果沒有目標，沒有任何人能成功。

「羅馬不是一天造成的！」一切有志者都想成功，但要把美好的夢想轉化為現實，需得要堅持不懈、鍥而不捨的努力。那麼，為什麼要抱怨「我不會一鳴驚人，因為我不是舉足輕重的人物」呢？每個人成功也只能如此：付出代價。這個代價就是時間，就是耐心和努力。

諾貝爾醫學獎得主湯瑪斯．高特．摩爾根說得好：「**不要把志向立得太高，太高近乎妄想。沒有人會恥笑你，而是你自己磨滅了目標。目標不妨設得近點，近了，就有百發百中的把握。**」

有這樣一個大家都知道的故事：男孩在草地上發現了一個蛹，他撿回家，要看蛹如何羽化成蝴蝶。過了幾天，蛹上出現一道小裂縫，裏面的蝴蝶掙扎了好幾個小時，身體似乎被什麼東西卡住了，一直出不來。小孩子不忍，心想：「我必須助牠一臂之力。」所以，他拿起剪刀把蛹剪開，幫助蝴蝶脫蛹而出。但是蝴蝶的身軀臃腫，翅膀乾癟，根本飛不起來。這隻蝴蝶註定要拖著笨拙的身子與不能豐滿的翅膀爬行一生，永遠無法飛翔了。

別急著為自己辯解

如果我們知道自己錯了，免不了會受責備，何不自己先認錯呢？自己檢討自己不是比挨人家的批評好受得多嗎？如果我們能對自己做了檢討和批評，別人十之八九會寬大諒解你的錯誤。

費丁南．華倫，是一位商業藝術家，他在坦率地承認自己的錯誤時，贏得了一位暴躁易怒的藝術品大主顧的好感而獲益良多。

「對不起，這個畫框的尺寸有點誤差，沒能精準地合乎你的要求。責任由我來承擔，因為精確和一絲不苟，是我們必須堅持的專業標準。」華倫先生事後說。

「我認識一位藝術組長，總是喜歡從雞蛋裏挑骨頭。我每次離開他的辦公室時，我總覺得倒胃口，不是因為他的批評，而是因為他攻擊我的方法。最近，我交了一件匆忙完成的畫稿給他，他打電話給我，要我立即到他的辦公室去，說是出了問題。當我到了他的辦公室後，正如我所料—麻煩來了。他滿懷敵意，很高興又有挑剔我的機會。他惡意地責備了我一大堆。這正好是我運用所學到的自我批評的機會。因此我說：『先生，如果你的話不錯，我的失誤一定不可原諒。我為你做畫稿這麼多年，實在該知道怎麼畫才對。我覺得慚愧。』」

他反而開始為我辯護起來：「是的，你的話沒有錯，不過這終究不是一個嚴重的錯誤。只是……」

我打斷了他，我說：「任何錯誤要付的代價都可能很大，叫人不舒服。」

他開始插嘴，但我不讓他插嘴。我很滿意，有生之年第一次批評自己，我好高興這樣做。

「我應該更小心一點才好，」我繼續說，「你給我的工作很多，照理應該使你滿意，因此，我打算重新再來。」

「不！不！」他反對起來，「我不想那樣麻煩你。」他開始讚揚我的作品，告訴我只要稍微改動一點就行了，再說，一點小錯不會多花他公司多少錢，畢竟，這只是小節—不值得擔心。

「我急切地批評自己，使他怒氣全消了。結果，他還邀我同進午餐，分手之前，他開給我一張支票，又交待我另一件工作。」

即使傻瓜也會為自己的錯誤辯護──大部分的傻瓜都會那麼做──但能承認自己錯誤的人，卻會得到別人的諒解，並給人以謙恭有禮的感覺。比方說，歷史上對南北戰爭時的李將軍有一段極美好的記載，就是他把畢克德進攻蓋茲堡的失敗完全歸咎於自己。

畢克德的那次進攻，無疑是西方世界最顯赫最輝煌的一場戰鬥。畢克德本身就很輝煌。他長髮披肩，而且跟拿破崙在義大利作戰一樣，他幾乎每天都在戰場上寫情書。在那悲劇性的七日午後，當他的軍帽斜戴在右耳上方，輕盈地放馬衝刺北軍時，他那支忠誠的部隊不禁為他喝采起來，他們喝采著，跟隨著他向前衝刺。隊伍浩蕩，軍旗翻飛，軍刀閃耀，陣容威武，北軍也不禁發出了驚訝的讚歎。

畢克德隊伍輕鬆地向前衝鋒，穿過果園和玉米地，踏過花草，翻過小山。同時，北軍的大炮也一直沒有停止轟擊，但他們繼續挺進，毫不退縮。

突然，北軍步兵從埋伏的墓地山脊後衝出來，對著畢克德那毫無提防的軍隊，一陣又一陣地開槍。山間硝煙四起，慘烈有如屠場。幾分鐘之內，畢克德所有的旅長，除了一名之外，全部陣亡，五千士兵折損五分之四。

阿姆斯德統率餘部奔上石牆，拚死衝殺，把軍帽頂在指揮刀上指揮，高喊：「兄弟們！宰了他們！」

他們拚了。他們跳過石牆，用槍托、刺刀拚死肉搏，終於把南軍軍旗豎立在墓地山脊的北方陣線上。

旗幟在那裡飄揚了一會兒，雖然那只是短暫的一瞬，卻是南軍戰功的輝煌記錄。

畢克德的衝刺雖然勇猛、光榮，卻是失敗的開始。李將軍失敗了，他沒有辦法突破北方。

南方的命運決定了。李將軍震驚不已，大感懊惱，他將辭呈送上南方的戴維斯總統，請求改派一個年輕有為之士。如果李將軍要把畢克德的進攻所造成的慘敗歸咎於別人，那他可找出數十個藉口。但是，李將軍不願遷怒別人。當畢克德的殘兵從前線退回南方戰線時，李將軍隻身騎馬出迎，自我譴責起來。「這是我的過錯，」他承認說，「是我一個人，敗了這場戰鬥。」

歷史上很少有李將軍這種勇氣和情操的人。艾柏・赫巴是曾鬧得滿城風雨的最具獨特人格的作家之一，他那尖酸的筆觸經常引起強烈的不滿。但是赫巴常常以少見的為人處世的技巧，化敵為友。

當一些憤怒的讀者寫信給他，表示對他的某些文章不以為然，結尾又痛罵他一頓時，赫巴就如此回答：「回想起來，我也不盡然同意自己。我昨天寫的東西，今天不見得全部滿意，我很高興你對這件事的看法。下次你來附近時，歡迎駕臨，我們可以交換意見。」

可見，當我們對的時候，我們就要試著溫和地、巧妙地使對方同意我們的看法；而當我們錯了——若是我們對自己誠實，就要迅速而坦率地承認。這種技巧不但能產生驚人的效果，而且在任何情形下，都要比為自己爭辯還有用得多。你信不信呢？

勿逞一時之能

青年人由於血氣方剛，遇事容易衝動，不能很好地控制自己的情緒，這樣逞強顯能，往往給自己帶來重大損失，自己阻礙了通往成功的道路。

卡耐基在人際關係上也有過失誤。第二次世界大戰剛結束的某一天晚上，他在倫敦參加一場宴會。宴席中，坐在他右邊的一位先生講了一段幽默故事，並引用了一句話：「謀事在人，成事在天。」那位健談的先生說，他所引用的那句話出自《聖經》。

「他錯了，」卡耐基回憶說，很肯定的知道出處。「為了表現優越感，我很多事，很白目的糾正他。他立刻反唇相譏：『什麼？出自莎士比亞？不可能！絕對不可能！那句話出自《聖經》。』

「我的老朋友法蘭克．葛孟坐在我左邊。他研究莎士比亞的著作已有多年，於是我倆都同意向他請教。葛孟聽了，在桌下踢了我一下，然後說：『威爾，你錯了，這位先生是對的。這句話出自《聖經》。』

「那晚回家的路上，我對葛孟說：『法蘭克，你明明知道那句話出自莎士比亞。』。『是的，當然，』他回答，『《哈姆雷特》第五幕第二場。可是親愛的戴爾，我們是宴會上的客人。為什麼要證明他錯了？那樣會使他喜歡你嗎？為什麼不給他面子？他並沒問你的意見啊。他不需要你的意見，為什麼要跟他抬槓？要永遠避免跟人家正面衝突。』」

「永遠避免跟人家正面衝突。」卡耐基謹記了這個教訓。小時候，他和哥哥可以為天底下任何事物而抬槓。進入大學，他又選修邏輯學和辯論術，也經常參加辯論比賽。他曾一度想寫一本這方面的書，他聽過、看過、參加過，也批評過數千次的爭論。這一切的結果，使他得到一個結論：天底下只有一種能在爭論中獲勝的方式，就是避免爭論，要像躲避響尾蛇和地震那樣避免爭論。

快樂總在放棄後

有一個富翁揹著許多金銀財寶，到遠處去尋找快樂。可是走過了千山萬水，也未能尋找到快樂，於是他沮喪地坐在山道旁。這時，一個農夫揹著一大捆木柴從山上走下來，富翁說：「我是個令人羨慕的富翁，但為什麼沒有快樂呢？」

農夫放下沉甸甸的木柴，舒心地揩著汗水：「快樂很簡單，放下就是快樂！」富翁頓時開悟：自己揹負著那麼重的珠寶，老怕別人搶，總擔心遭到別人的暗算，因此整天憂心忡忡，快樂又從何而來？於是富翁將珠寶、錢財接濟窮人，專做善事，慈悲為懷。這樣滋潤了他的心靈，他也嘗到了快樂的味道。

其實，像富翁一樣成天被名利纏身的人很多，他們總是心事重重、陰霾不開，那樣又談何快樂？富翁最終放下了重擔，得到了解脫，同時也得到了快樂。而生活中，又有幾個人能心甘情願地放棄本屬於自己的名利呢？

「放下」是一個開心果，是一粒解煩丹，是一道歡喜禪。只要心無掛礙，什麼都看得開、放得下，何愁沒有快樂的春鶯在啼鳴，何愁沒有快樂的泉溪在歌唱，何愁沒有快樂的白雲在飄蕩，何愁沒有快樂的鮮花在綻放！

人們總是希望有所得，以為擁有的東西越多，自己就會越快樂。所以，這一人之常情就迫使我們沿著追尋獲得的路走下去。可是有一天，我們忽然驚覺：我們的憂鬱、無聊、困惑、無奈以及一切的不快樂，都和我們的需求有關，我們之所以不快樂，是因為我們渴望擁有的東西太多了；或者太執著了，不知不覺，我們已經執迷於某個事物上了。

其實，人生的悲哀莫過於太拘泥於某一點，而為了這一點，我們錯失了很多原本分配給我們的風景。其實，成功並不是昭然若揭地去贏某一次，成功是任何時候都不放棄追求下去的信念。成功的人生就像一次「壯遊」，把途中的美好盡收眼底，不因旅途的疲憊而錯過心情，不因錯過心情而失去壯遊的意義。

有時候，明明知道那不是你的，卻想去強求，或可能出於盲目自信，或過於相信精誠所至、金石為開，結果不斷的努力，卻遭來不斷的挫折。殊不知，東西有的靠緣分，有的靠機遇，有的得需要人們能以看山看水的心情來欣賞，不是自己的不強求，無法得到的就要放棄。

我們的生活中，隨時都在取與捨中拉扯，我們又總是渴望著取，渴望著佔有，卻常常忽略了捨，忽略了佔有的反面—放棄。懂得了放棄的真意，也就體會到了與世界一樣博大的境界。「快樂總在放棄後」，也是我們獲得幸福的最好方法。

第四章 誰縱容了你的缺點

工作時間飲酒作樂，依靠別人的門路過活，常懷得過且過的心理，跌倒了不知爬起來。這都是放縱所引起的缺點。那麼，在生活當中，是誰縱容了你這些缺點，又是誰造就了這些缺點呢？答案只有一個，那就是你自己！

誰放縱了你的個性

人的個性是自我的重要特徵之一，但這些特徵中的壞的部分絕不能放縱，必須得到約束和管理。

奧勃洛摩夫是小說《奧勃洛摩夫》中的主角，他是一個青年地主，靠三百個農奴無償勞動得以坐享清福。他怠惰成性，整天躺臥在沙發上胡思亂想，他害怕生活中的任何變動，無意於人事活動，結果使自己變成一個十足的懶漢。由於懶，他對社交、對公職、對看書學習都不感興趣；正由於懶，他遭人訛詐不敢反抗；由於懶，他把戀愛結婚看成是莫大負擔，雖然在聰明的女孩奧爾迦愛情力量的追求和驅使下，他勉強復活了一些時日，但畢竟痼疾難醫，終於愛情破裂；也正是由於懶，他三十來歲就漸漸發胖，最後中風死去。懶惰是多麼的可怕。**人類要管理自己，首先要克服懶惰的缺點。**

防害自我管理的第二個缺點是有始無終。有始無終的表現是「三天打魚，兩天曬網」，也就是日本人成語裏說的「三日妨主」。三日妨主的表現首先是意志薄弱、缺乏責任心和自制能力，其次只喜歡做簡單、痛快的事，對需要長時間努力才能完成的事，總是半途而廢。

防害自我管理的第三個缺點就是拖拖拉拉。「明日復明日」是這些人的口頭禪。本來是舉手之勞的事，總是不辦，拖到最後狀況不斷。

妨害自我管理的第四個缺點是毫無計劃。打麻將通宵達旦，線上遊戲玩到廢寢忘食，網路聊天聊到半夜。對電影、電視「凡新必看」，「先睹為快」。花錢毫無節制，口袋裏有錢時往往一擲千金，即使錢不夠花也要充面子讓自己債台高築。

妨害自我管理的第五個缺點是窮於應付。在現今的開放社會裏，喜歡社交，樂於幫助別人不是壞事，但有些人為了顯示自己消息靈通，諸事想參與，或者把急需處理的事放在一邊，而去完成他人委託的小事，並為此弄得自顧不暇。

妨害自我管理的第六個缺點是呆坐空想。蘇聯著名教育家馬可連柯指出：「養成遵守時間的習慣，是一種對自己進行嚴格要求的習慣。在一定的時間起床，是對於意志的最根本的訓練，它可以改正在被窩裏幻想的習慣。」什麼鴻圖大略，什麼美好計劃，不起而行，等於白搭。天大的志向如果只掛在嘴上，也不過是一個天大的零。

妨害自我管理的第七個缺點是馬虎隨便。做什麼事都馬馬虎虎，隨隨便便，只求過得去，不求品質。河流是不會高於它的源頭的，標準不高自然做不出高標準的工作，也絕不會有嚴格的自我管理。

妨害自我管理的第八個缺點是原諒自己。原諒自己，寬恕自己是人類的通病。人類常常會為自己當律師，想出許許多多的理由來替自己辯護。原諒自己，替自己當辯護律師的人是管理不好自己。

正如高爾基所說：「（習慣）是一個殘酷的主宰，而舊的生活緊固的網，又完全是由習慣編織成的……許多人在沒有明白必須把網撕開以前，一輩子都纏在這面網裏。」要管理好自己，就要下決心撕開由這些舊習慣、壞習慣組成的「陋習之網」。

跌倒了不知爬起來

英雄可以被毀滅，但是不能被擊敗；英雄的肉體可以被毀滅，可是精神和鬥志不能失去。很多人告訴自己：「我已經嘗試過了，不幸的是我失敗了。」其實他們並沒有搞清楚失敗的真正涵義。

人的一生中不可能一帆風順，難免會遭受挫折和不幸。但是成功者和失敗者有一個重要的區別就是，失敗者總是把挫折當成失敗，因而使每次挫折都深深地打擊他的士氣與自信；成功者則是從不言敗，在一次又一次挫折面前，總是對自己說：「我不是失敗了，而是還沒有成功。」一個暫時失利的人，如果繼續努力，打算贏回來，那麼他今天的失利，就不是真正失敗。相反的，如果他失去了再戰鬥的勇氣，那就是真輸了！

如果一個人把眼光拘泥於挫折的痛苦之上，他就很難再抽出身來想一想自己下一步該如何努力，最後如何成功。一個拳擊運動員說：「當你的左眼被打傷時，右眼還是要睜得大大的，才能夠看清敵人，也才能夠有機會還手。如果右眼同時閉上，那麼不但右眼也要挨拳，恐怕連命都難保！」拳擊就是這樣，即使面對對手無比強勁的攻擊，還是得睜大眼睛面對受傷的感覺，如果不是這樣的話一定會失敗得更慘。其實人生又何嘗不是這樣呢？

大哲學家尼采說過：「受苦的人，沒有悲觀的權利。」因為受苦的人，必須要克服困境，悲傷和哭泣只能加重傷痛，所以不但不能悲觀，而且要比別人更積極。在冰天雪地中歷險的人都知道，凡是在途中說：「我撐不下去了，讓我躺下來喘口氣」的同伴，很快就會死亡，因為當他不再走、不再動時，他的體溫就會迅速地降低，很快就會被凍死。在人生的戰場上，如果失去了跌倒以後再爬起來的勇氣，我們得到的就只是徹底的失敗。

只想獲得不想付出

這個世界上沒有不勞而獲的好事等著。要獲得就得付出，逃避意味著失去。現實是逃不掉的，只有勇敢地去面對，才能戰勝自我。沒有勇氣去面對困難，只能像逆水行舟一樣—不進則退。

在一險惡的峽谷，谷底奔騰著湍急的河流，幾根光禿禿的鐵索橫在懸崖峭壁間，這就是過河的橋。一行四人來到橋頭，一個盲人，一個聾子，兩個耳聰目明的健全人。四個人一個接一個地抓住鐵索，在高空行進。結果呢？盲人、聾子過了橋，一個耳聰目明的人也過了橋，另一個則跌下去，喪了命。

難道耳聰目明的人還不如盲人、聾人嗎？他的缺點恰恰源於耳聰目明。

盲人說：「我眼睛看不見，不知山高橋險，寧靜地攀索。」聾人說：「我的耳朵聽不見，不聞腳下咆哮怒吼，恐懼相對減少很多。」那麼過橋的健全人呢？他的理論是：

「我過我的橋，險峰與我何干？急流與我何干？只管注意落腳穩固就夠了。」很多時候，成功就像攀附鐵索，失敗的原因，不是因為智商的低下，也不是因為力量的薄弱，而是被周圍的聲勢嚇破了膽。

不論是體能上的或是精神上的，我們都不認為自己有足夠的能力在特定的場合裏從事某種活動，因此，過度緊張的結果，反而是讓自己的表現越加失常。每一件東西都有一個價格，這個觀念，在日常生活裏是我們所熟悉的。比方我們走進一家超市推著購物車往前走，隨手把一罐蕃茄醬、一塊乳酪、一節麵包、一條臘肉、一卷通心粉放在車上，在出口處，店員會核算一下，這許多東西共值多少錢，然後用一個紙袋裝起來，我們付了錢以後，便可帶回家去。

生命的天秤也是如此，只要把心裏的慾望放在天秤的一邊，另一邊就是所付代價的籌碼。等兩邊平衡時，便可以把想要的東西得到。有時候代價似乎很高，但是千萬記住，不管目標是什麼，一定要付對等的代價才能達到這目標。原則很簡單也很公正—要什麼都可以，但是沒有任何東西是不勞而獲的。

有志氣的人絕不會找任何藉口，也不存任何期望，除了努力工作之外，從不企望有天上掉下餡餅的好事，也不向親友們哀求，而是靠自己苦幹，努力地去創造機會。

常懷將就的心理

不管是生活還是企業經營，我們都提倡節儉和效率，但不能懷有將就隨便的心態。

有這樣一個故事：一家美國企業在大陸投資設廠，機器設備都是從國外進口最好的機器，生產效率極高。但是有一天突然這個地方發生了洪水，雖然經過奮力搶救使大部分機器脫離了災情，但還是有一台設備沒有搶救出來。洪水退了，為了儘快恢復生產，這家公司就在當地市場上儘快採購了一台二手機器來頂著用。

這台機器品質還過得去，開始一段時間也沒有什麼大問題，但是不久它就原形畢露，各種小缺點開始顯現出來。今天這個螺絲鬆了，明天那個零件壞了，總是不斷修理，常常影響整個生產流程的順利進行。公司想重新買一台進口的新機器，但是進口機器非常貴，再說這台機器也還能用，於是這麼一天又一天地拖著。這部二手機器還是不斷出狀況，而且故障的週期越來越短。到年底一算細帳，就因為這台機器的各種小毛病，產量較上年度有明顯的減少，這些損失加上維修費用等，足可以換一台進口機器了。於是公司高層痛下決心，以低廉的價格把這台機器處理掉，從國外購置回一台新機器。只要我們想把一件事情做好，就不能有將就湊合的心理，該換的東西一定要更換，該重新購置的東西就重新買，只有這樣才能提高整體工作效率。

我們日常生活中，常常為了節省一些眼前看得見的錢，而寧願花費大量的時間和精力去修補那些應該更新淘汰的東西，用明天的收益去做賭注。同樣的道理，在做事情和用人上也絕不能有類似的將就、修補心理，今天這兒出問題，明天那兒有毛病，既影響效率，又影響心情，而且這些薄弱的環節總會在關鍵的時刻出狀況，造成最大的損失。

把空虛當藉口

空虛是沒有創造性生活的徵兆。它顯示：不是沒有樹立一個被認為是理想的目標，就是沒有運用才能和努力去追求一個重要的目標。沒有自己的目標的人會得出悲觀的結論：「生活沒有目的。」沒有重要工作的人會抱怨說：「沒有事情可做。」反過來說，一個積極從事於某一種奮鬥或追求某一個重要目標的人，不會總結出生活沒有意義和樂趣的悲觀哲理。

失敗機制本身是有持久性的，除非我們介入、打破那種惡性循環。空虛一旦被人體驗到之後，會形成一種逃避努力、工作和責任「變種」，並成為一種口實，一種理由，為沒有創造性的生活開脫。如果一切都是虛無，如果太陽底下沒有新鮮事物，如果怎麼也找不到樂趣，那為什麼還要自找苦吃？為什麼要費力氣？

正確使用否定思維，對一個人的成功有很大的作用。我們要先瞭解否定、負面的東西，在前進中才能避開它們。打高爾夫球的人需要知道窪地和沙坑在什麼地方—但不會總想著這些坑坑窪窪—免得把球打進那裡。他的心裏「瞄著」沙坑，但也「盯著」果嶺。正確利用這類「否定思維」，可以引導我們走向成功之路，其前提是：對否定東西的注意是使我們警覺到危險的程度。

我們要認清什麼是否定的東西—是我們不希望的東西、我們不需要的東西、不能帶來真正幸福的東西。

我們要立即採取糾正的措施，從成功機制中選擇一種對應的積極因素取而代之，這些措施將及時形成一種反射機制。否定的回饋將做為一種反射機制在發揮作用，幫助我們「避開」失敗，引導我們獲得成功。

那些有失敗型性格趨向的人，他們總是做出更多被動的反應而不是主動行動。他們已習慣於等待別人的信號，然後按照長期以來形成的機械模式做出反應。他們像小孩依賴於成年人一樣，把自己的命運交付給別人掌握。

理論分析認為，許多人就情緒上來說，他們一生中從未進入成年人的階段(在這個階段裏，人們創造性的行動，並對自己的生活完全負責)，至少是部分處於情緒上的未成年期，他們沒有按照周圍成年人的要求調整自己的心態。要切記，成功只有以成年人的情緒和決策為基礎才是可望的。

一旦確認自己屬於失敗型性格的人，並承認自己以孩子般的方式對成年人的信號做出反應，這表明自己正在從挫折和自我抑制中開始恢復。而挫折和抑制，是失敗型性格的人身上，最常見的自我挫敗的感情因素。

從不身體力行

行動是成功人生的起點，因為成功來自於身體力行。如果光說而不做，不管有多麼美好的目標，多麼縝密的計劃，成功之門也永遠不會開啟。

許多失敗的人也許沒有行動起來，也許行動沒有效果，他們的缺點無非有以下幾種：

一、半途而廢

克勞德．普里斯頓說過：「我們可以把夢想比喻成利用放大鏡來燒東西一樣，把焦距調整好才能使陽光的熱集中到一點。在太陽的熱度還未達到燃燒的燃點之前，你必須緊緊抓住放大鏡不動。我們的夢想也是如此，能否實現就看你能否信心堅定，始終不放棄。」

美妙的夢想人人都有，但能夠實現的有幾個呢？有人想成為企業家，有人想成為歌星，有人想追求心目中的女孩子，結果卻往往事與願違。他們抱怨命運之神不給他們成功的機會。我不禁想問，這些人是否長期以來都朝著同一個目標不懈地努力呢？

二、不敢邁出第一步

萬事起頭難，行動的第一步是最難邁出的。很多人拘泥於周全的計劃，詳細的考慮。他們把種種困難全部羅列出來，然後在腦海中尋思各種克服的辦法，結果又有新的困難產生，結果越來越亂，千頭萬緒。最終他們被困難的複雜性與龐大性壓倒，在行動之前就已放棄，這種人明顯欠缺決斷力與行動力。實際上一個人即使有再準的先見之明，再正確的事先判斷，如果不付諸實行，也顯得毫無意義。因此，要想成功，最重要的便是行動。

三、缺乏自信與自信過度

缺乏自信的人必然容易動搖，容易動搖的人必然會半途而廢，半途而廢的人必然不會抓住成功的機會。這簡直就是一個「人生失敗方程式」。缺乏自信的人很在意別人的批評，很容易聽進別人的勸告。但這樣的話，常常會流於優柔寡斷而不能自拔。如果在行動中，一直想著「不知別人怎麼看的」，「不知別人怎麼做的」，就根本無法貫徹自己的行動。而過於自信的人往往又高估自己的行動力。有人曾說過：「自滿和行動力就像是放在同一容器中的兩種物質。自滿的成分增多，相對的行動能力就會下降，一個是六，另一個就是四；一個增長為八，另一個就下降為二。」

自信自滿的人行動起來很危險，一步要走兩步的路，實際上根基虛浮。

四、拖延與急進

生活中有不少這樣的人，事情到了手就嫌麻煩，找個藉口拖上一段時間再說。但實際的結果怎麼樣呢？你會發現儘管表面寬鬆了，但工作重擔卻積壓到心裏頭。事情只會越來越多的，有拖延心態的人也會越來越怕面對事情的堆積。無止境的「逃避」成了唯一的選擇，但這樣也等於退出了通往成功之路。

所以說，事情一到手邊就盡可能快的解決，凡事不能拖。這種習慣有助於培養行動力，而且可避免許多無謂的時間浪費。不過應注意關鍵的一點，那就是不能一律按事情的先來後到來辦事，分清楚事情輕重緩急是很重要的。否則可能整天忙碌不堪反而使一些應該立即處理的重大問題得不到解決。

一往直前的精神是可喜的，可是如果變成魯莽急進就得不償失了。

五、墨守成規

有許多人因為受到理論、常識等原則約束，因此缺乏行動力，也失去獨立創新精神。當他們的人生中出現反常識的東西時，他們就會對自己的人生失去控制。

再細緻周全的人生計劃，也不可能把所有突發事情或不可知因素計算進去，人生不可能盡在掌握中。不懂得隨機應變，不改變和擺脫常識束縛，一味墨守成規，一味謹守計劃的人成功機會很低。

計劃與常識不能包括一切，如果懂得在必要時候讓行動突破計劃與常識的話，會發現更多的成功機遇。古人云：「順者為賤，逆者為貴。」歷史上的風雲人物無不是善於打破陳規的人。勇於突破才有光明的未來。

六、不向障礙低頭

邱吉爾曾說過：「一個人絕不可以在遇到危險的威脅時，背過身去試圖逃避。若是這樣，只會使危險加倍。但是如果立刻面對它毫不退縮，危險便會減半。人不要逃避任何困難，絕不！」人生並不是一帆風順的，想成功的人更會碰上許多困難與障礙。如果不能勇於面對與克服的話，障礙背後的機會就不會出現。

人往往喜歡把容易做的事先做，困難的事放在後面。如此一來會做的還是會做，不會做的還是不會做，自己的能力並沒有因此而得到提高。

記住：「困難像彈簧，你弱它就強，你強它就弱」這句話吧！是絕對有益處的。

依靠別人的枴杖走路

有一種人，存在著很深的依賴心理─依靠枴杖走路，尤其是依靠別人的枴杖走路。對於成大事者而言，他們的習慣選擇是：扔掉別人的枴杖，邁開自己的雙腳！

人們常常抱持一個很大謬見，就是以為他們會從別人不斷的幫助中獲益。其實，力量是自發的，不應依賴於他人。沒有什麼比依靠他人更能破壞獨立自主的了。如果依靠他人，則將永遠堅強不起來，也不會有創造力。要麼拋開身邊的「枴杖」獨立自主，要麼埋葬雄心壯志，一輩子老老實實做個普通人。

年輕人需要的是原動力，而不是依靠。他們天生就是學習者、模仿者、效法者，如果給太多幫助或約束，他們很容易變成仿製品。

愛默生說：「坐在舒適軟墊上的人容易睡著。」依靠他人，覺得總是會有人為我們做任何事，所以不必努力，這種想法對發揮自助自立和艱苦奮鬥精神是致命的障礙！

「一個身強體壯、虎背熊腰，重達一百五十磅的年輕人竟然兩手插在口袋裏等著幫助，這無疑是世上最令人噁心的一幕。」

你有沒有想過，你認識的人中有多少人只是在等待？其中很多人不知道等的是什麼，但他們在等某些東西。他們隱約覺得，會有什麼東西降臨，會有些好運氣，或是會有什麼機會發生，或是會有某個人幫他們，這樣他們就可以沒有充分的準備和資金的情況下為自己找到一個開端，或是繼續前進。

有些人在等著從富爸爸那裡不勞而獲，有些人是在等「運氣」、「發跡的神秘東西」來幫他們一把。

我們從沒聽說某個習慣等候幫助、等著別人拉拔、等著別人的錢財或是等著運氣降臨的人能夠真正成就大事。只有放棄依賴的枴杖，破釜沉舟，依靠自己，才能贏得最後的勝利。

一家知名企業的老闆說，他準備讓自己的兒子先到別人家的企業裏工作，讓他在那裡磨練，吃吃苦頭。他不想讓兒子一開始就和自己在一起，因為他擔心兒子有依賴心理，指望他的幫助。

在父親的溺愛和保護下，想什麼時候上班就什麼時候上班，想什麼時候下班就什麼時候下班的孩子很少會有出息。只有自立精神才能給人以力量與自信，只有依靠自己才能培養成就感和做事能力。

把孩子放在可以依靠父親，或是可以馬上得到幫助的地方，是非常不智與危險的做法。在一個可以觸到底的淺水池是無法學會游泳的，在一個很深的水域裏，孩子會學得更快更好。當他無後路可退時，他就會安全地抵達河岸。依賴性強、好逸惡勞是人的天性，而只有「迫不得已」的形勢才能激發出我們身上最大的潛力。

待在家裏總是得到爸媽幫助呵護的孩子，一般都沒有太大的出息，就是這個道理。當他們不得不依靠自己，不得不動手去做，或遇到失敗的考驗時，他們通常就能在很短的時間內發揮出驚人的能力來。一旦不再需要別人的援助，自強自立起來了時，就開始踏上成功之路了。一旦拋棄所有外來的幫助，就會發揮出過去從來沒想像到的神奇力量。

世上沒有比「自尊」更有價值的東西了。如果只想從別人那裡獲得幫助，一個人就很難保有自尊。如果凡事依靠自己，獨立自主，就會變得日益堅強。

有時候會覺得獲得外部的幫助是一種幸運。但是，從不利的方面看，外部的幫助常常又是禍根，給錢的人並不是自己最好的朋友。真正好朋友是鞭策並鼓勵自己自立、自助的那些人。

當一個人有了自己的事業、自己的工作，他就會力量倍增，充滿活力，這種感覺是什麼都不能替代的。

責任感往往帶來能量，許多年輕人在創業後才發現了真正的自我，而在此之前多年為人打工的歲月裡，都沒有找到真正的自我。

不管一個人責任心多強，在為別人工作比較無法發揮出一個人的所有潛力。

風平浪靜時駕駛一艘船並不需要多少技巧和航海經驗，只有當海上颶風驟起，波濤洶湧時；只有當輪船在波峰浪谷間艱難前進，隨時有滅頂之災時；只有當甲板上一片恐慌混亂，船員們倉皇失措時，船長的航海經驗才得以發揮。

當我們的能力受到最嚴峻的考驗，只有當我們所累積每一點智慧才華都要全部動員起來時，我們所擁有的潛能便會發揮出最大的能量。要沒有風險地把一小筆資金變成一項大事業，需要經年累月的努力，要不斷地想辦法保持良好形象，爭取並穩住顧客。當資金短缺、生意清淡、支出增加時，真正的高手就會大顯身手，鋒芒畢露。沒有奮鬥，就沒有成長，不能拋開身邊的枴杖，也就沒有個性。

不努力學習、勤奮工作、不爭取時間來充實自我，不能擺脫依賴別人心理的年輕人能有什麼出息呢？什麼事都讓別人替他完成的孩子，怎麼能培養出自立的品格呢？
只有經過訓練，人才能變得堅強。只有去爭取、去奮鬥，才能變得有意志力。

經常草率行事

「先瞭解你要做什麼，然後去做。」對行事容易草率的人來說，這是很好的座右銘，尤其是前半段。假如決斷和行動力是邁向成熟的必要條件，則表示我們所採取的行動，必須先要做好良好的分析與判斷。

「行進之前先仔細看」或「投資之前先仔細研究」，並不表示我們做事要猶豫沒有決斷。這些話的意思是要警告我們：採取行動千萬不可魯莽、倉促，要認清事實的真相再做出相對的行動。

假如醫師在急救病人的時候，沒有事先把病情弄清楚，極有可能無法幫病人解決病痛。雖然有許多情況，立即行動是必要的，但其成大事的比例往往視其對問題診斷的正確度而定。

再舉一個較為淺顯的例子來看：住在新墨西哥州阿布魁克市的泰德．考絲太太，多年前曾為財務問題而煩惱不已。她有一位多病的母親住在布魯克林，由兩名婦人負責照料她的起居。考絲太太後來發覺很難維持這樣的開銷，而一位時常在財務上資助她的叔父，也打電話向她表示是否可以減少開支。如減少那兩名看護婦人的薪水，或縮減房屋的維修費等等。

考絲太太一時不知該如何做決定，便要求讓她好好想一下，等做了決定之後再回電話給他。考絲太太十分感謝這位叔父長期的幫忙，也覺得應該想辦法減輕這位叔父的負擔。

「我拿了一些紙張，然後開始分析。」考絲太太描述道，「我先把母親的收入——如有價證券、叔父給她的補助等等一一列出來，然後再列出所有開支。沒多久，我便發現母親在衣、食方面的花費極少，但那棟擁有十一間房的住所，卻得花一大筆錢來維持——光是每月的瓦斯費就得二、三十塊錢。再加上各種雜項開支和稅金，還有保險費等等，為數十分可觀。當我看到這些白紙黑字的數據，便知道事情該如何處理了——那房子必須解決掉。」

「從另一方面來看，母親的身體越來越壞，我擔心這時移動她可能不太妥當。她一直希望能在那棟房子度過餘生，我也願意盡可能成全她的願望。於是，我去拜訪一位醫師朋友，請他給我一些意見。這位醫師認識一名經營私人療養院的婦人，地點離我們住的地方只有三分鐘路程。

「這位婦人不但心地好，人又能幹，所收的費用也很合理，因此我決定把母親送到她家去，讓她來照顧。」

這件事處理的結果，對每個人都十分理想。考絲太太母親受到很好的照顧，一直還以為她仍住在家裏。考絲太太現在每天都能抽空去探望她，而不是每星期一次。她叔父的負擔減輕了，她們的財務問題也獲得解決。經驗告訴考絲太太，假如把問題寫下來，便能完整、清楚地看到所有的事實，問題往往便也迎刃而解。

考絲太太的例子，很清楚地顯示出：一個行動是否會成大事，事前的仔細分析能產生決定性的作用。假如考絲太太沒有好好去研究問題所在，也沒有好好去組織要採取的步驟，而是草率的採取行動，則很可能不但不能解決財務問題，甚至還會嚴重影響到母親的健康。

這種把事實列在紙上，讓它們自己把問題或解決方法顯現出來的方式，在處理金錢問題方面尤其有用。

戴爾．卡耐基先生曾訪問過哥倫比亞大學的已故院長赫伯．郝克先生。在訪問過程中，卡耐基特別提到郝克院長的書桌是多麼整潔—因為像他這麼一個大忙人，桌上通常會堆滿許多資料或檔案。

「要處理這麼多學生的問題，你一定要隨時做出許多決定。」卡耐基先生說道，「但是，你看起來十分冷靜、從容，一點都不顯出焦慮的樣子。請問，你是如何做到這一點的？」

郝克院長回答說：「我的方法是這樣的—假如我必須在某一天做某一項決定，通常我都事先收集好各種相關資料，並認定自己是『發掘事實的人』。我不浪費時間去設想該如何做決定，只是盡可能去研究與問題有關的所有資料。等我研究完畢，決定便自然產生了，因為這都是根據事實而來的。聽起來十分簡單，是嗎？」

不錯，方法是十分簡單，卻常常被我們忽視了。我們的行動通常受到情緒、成見、急躁或其他非理性思考的影響。就好像小孩子喜歡凡事「馬上去做」，或過馬路的時候沒有注意兩旁的來車，或在大太陽底下玩，結果中了暑等等，都是沒有考量具體情況，只知往前衝，糊塗行事的幼稚行為。

有個婦人向專家訴說她的丈夫似乎有外遇，她不知道自己該對丈夫採取報復行為，還是應該帶兒女回娘家去。

「是什麼讓妳懷疑他有外遇？」專家問道。

「是他的行為模式。」她回答說，「他一向是個很好相處的人，現在卻變得脾氣暴躁，凡事挑剔。他時常工作到很晚才回家，並表示由於太累，不能陪我到任何地方去。他甚至忘了我們的結婚紀念日，完全不像他以前的樣子了！」

聽起來的確是有問題。但專家仍然要她在採取任何激烈的行動之前，再多找些事實來印證。

專家建議她做的第一件事，便是陪他丈夫找醫師談談，並要丈夫好好檢查一下身體。此外，也要看看他的工作是否有什麼問題。

結果建議真的有了效果，醫師發現她丈夫急需動一項手術。動了手術之後，她丈夫便恢復正常，而這位太太也完全消除了自己的疑心。

像這種瀕臨破裂的婚姻，通常只是某一方面的疑心。假如這名婦女不顧一切採取草率的行動，則後果便完全不一樣了。

行動能力的確是成熟心靈的必備條件之一，但必須有知識和理解做基礎，才能避免不可挽回的嚴重後果。

枯等機會的降臨

有一句美國諺語說：「通往失敗的路上，處處是錯失了的機會。坐待幸運從前門進來的人，往往忽略了從後窗進入的機會。」只有勇於衝鋒、主動進擊的人，才能抓住機會。機會是不會落在守株待兔者的身上。

機會之神經常敲響人們的大門，但人們可能不敢去應門，因為他們猶豫，害怕敲門的不是天使，而是魔鬼。但在猶豫的那一瞬間，機會之神便轉身走了。然後人們又開始悔恨：為什麼自己沒有抓住機會之神？

一位探險家在森林中看見一位老農夫正坐在樹樁上抽煙斗，於是他上前打招呼說：「您好，您在這裡做什麼呢？」

這位老農夫回答：「有一次我正要砍樹，但就在這時風雨大作，刮倒了許多大樹，剛好省了我不少力氣。」

「您真幸運！」

「您可說對了，還有一次，暴風雨中的閃電把我準備要焚燒的乾草給點著了。」

「真是奇蹟！現在您準備做什麼？」

「我正等待發生一場地震把花生從地裏翻出來。」

這位老農夫刻意坐等機會上門，也許偶爾真有機會到來，但不會很多，所以他只能這樣僥倖地欺騙自己。而探險家則是主動尋找機會者，一旦機會出現，就會一鳴驚人，成為名副其實的成功者。年輕人就應該有探險家的精神。如果待業中，就不要希望工作會自動找上門，也不要期待政府、工會打電話請你去上班，或期待之前的公司會請你回去上班，天下沒有這麼好的事情。

人們總是這樣說：「如果給我一個機會……」，或者是：「為什麼我的機會那麼少？」其實這種想法都很可悲。只要世界還在變，機會就無限。要拋開顧慮，為自己創造機會！不要害怕，因為機會往往在無畏的人面前出現。

有句俗語說：「命好不如運好，運好不如流年好。」某一天的一個機會，就足以改變你一生。問題是，有沒有好好掌握這個機會。要擦亮自己眼睛，留意形勢變化，爭取做第一個攫取並善用機會的人。

對待機會，有兩種態度：一是等待機會，二是創造機會。等待機會又分消極等待和積極等待兩種。不過，不管哪種等待，始終是被動的。每個人應該主動去創造有利條件，讓機會更快降臨到自己身上。

創造機會，先要克服種種障礙。錯誤的思想、不正確的態度、不良的心理習慣，是創造機會的主觀障礙。克服不了主觀障礙，就會出現自己拉著自己後腿，被自己打敗的情況。

爭取機會，抓住機會，就要勇敢地以自己的最佳優勢迎接挑戰，要選擇最佳方案，然後見之於行動。必須主動尋覓機會，要敏銳地「纏住機會」。懂得緊緊抓住機會的人，才有希望摘取成功之果。

美國鋼鐵巨擘卡耐基是個主動出擊、超前預測、看準機會的高手。一八六五年，美國南北戰爭宣告結束，北方工業資產階級戰勝了南方莊園園主，但不幸林肯總統遇刺身亡。當時，全美國沉浸在為慶賀美國統一的狂喜，和悼念失去可敬總統的悲痛之中。卡耐基卻清醒地預料到，戰爭結束後，經濟復甦在即，經濟發展必然導致鋼鐵需求量俱增。他即義無反顧地辭去了鐵路部門優厚報酬的工作，創立了聯合鋼鐵公司，後又演變為ＵＳ鋼鐵企業集團。他抓住了經濟復甦的機會，成就自己所期待的事業。

機會，只是提供了成功的可能性，要真正獲得成功，仍需要百折不撓的奮鬥。獲得機會是好事，但機會不等同於成功。

許多勇於選擇機會，善於利用機會的人，他們從不畏懼艱難挫折的挑戰，而是將磨難看做是對生存智慧的一種檢驗。他們藉由機會展現出自己的不凡身手，無論結果是成功還是失敗，都視做是人生中有價值的組成部分。成功了，就是取得了「階段式」的收穫，進而繼續向上攀升；失敗了，即將其做為成功的教練場。

在失去了一次機會後，切不可一蹶不振，否則永遠不會有新的機會降臨。如果下定決心，努力改變自己，第二次機會肯定來補償前一次的錯失。

不把工作當回事

有很多人在執行一項工作時，得過且過，能混則混，不把工作當回事，甘願做一個掉在隊伍後面的「跟屁蟲」，而不願發揮自己的能力，去爭做「帶頭大哥」，這就註定了這類人無法成大事。

不管是在哪家公司都有一種現象：有些人總是受人敬重，有些人就是被人看不起。那些被人看不起的人，也許有少數人日後會出人意料地有所發展，但絕大多數人還是不怎麼樣，怎麼也被人看不起。

當進入社會之後，工作就是人生的重頭戲，每個人要靠工作來撐起自己的家，要在工作中發揮才能，實現自我。一定要記住：別在工作上被人瞧不起！被人瞧不起雖然不一定會影響一個人的一生，但絕對不是件什麼好事，對一個人也不會有什麼積極的影響。

一般來講，在工作上被人瞧不起的人大致有以下幾種：

一、混日子型

這種人不把工作當一回事，不但表現不積極，連犯錯也不在乎，他心裏總是想「反正只是混一口飯吃」，而且總是採取一種隨便的態度：「此處不留人，自有留人處」。這種人讓人看不慣，這種人每天準時上下班，對人又客氣得要命，讓人抓不到他的小辮子。這種人自己好像過得很舒服，其實人家早從心底把他看扁了。

二、看輕工作型

這種人常說：「這工作有什麼了不起？」或是：「這職位有什麼了不起？」一副懷才不遇的樣子。他看輕自己的工作和職位，雖然不喜歡，可是又賴著不走，這樣的行為就被其他兢兢業業工作的同事所不齒，大家也就瞧不起他了。

三、遲到早退型

每個人都免不了會遲到早退，可是不能經常如此。雖然老闆有時不知道，但同事們卻會在乎，因為他們覺得不公平。因為他們既不習慣也不願遲到早退，在莫可奈何的情況下，大家就瞧不起這類人了。也許這類人有特殊的個人理由，可是別人是不管這些的，除非他們有很好的工作能力和業績，讓其他人不得不心服口服，那就另當別論，不過畢竟是少數特例。

四、混水摸魚型

這種人機靈狡猾，看起來工作很認真，其實都是在做樣子，他永遠不必承擔責任，但永遠有好處可得。雖然能言善道，人緣不錯，但實際上別人早在心裏看不起他。

其他還有很多種類型，如爭功諉過型、孤芳自賞型、獨善其身型，但這幾種都比不上前幾種那麼容易被人瞧不起。

工作上被人瞧不起與自己的工作態度有絕對的關係，如果你能力一般但拚勁十足，還是會得到人們的尊重的。但人們不會尊敬一個能力很強，但工作態度不佳的人。

有的人認為，要想改變自己在工作中被人瞧不起的形勢很困難，但是其實並非如此。只要我們下定決心：力求在職務上表現得更好些，每一天都有所進步。離開辦公室、工廠或其他工作場所時，一切都應安排得比昨天更好。這樣做的人，在短短的一年之內其業務必定有驚人的成就。

改變的唯一秘訣，就是隨時隨地求改進，在小事上求改進，所謂大處著眼，小處著手。其實，也只有隨時隨地的求改進，才能收到最後的成效。

如果把這句話掛在自己的辦公室裏，一定會有所功效：「今天我應該在哪裡改進我的工作？」

如果能在事業起步階段就把這句話做為格言，就會產生無窮的影響力。只要能隨時隨地求進步，工作能力自然能達到一般人難以企及的程度，最終也會取得極大的成就。

妨礙升遷的六大缺點

在一個工作崗位上都已經做到成為「老賊」，卻沒有得到提升，也曾無數次地反問自己錯在哪裡，卻沒有得到結果。這裡列舉出幾種妨礙晉升的缺點，希望對於苦惱中的人會有所幫助。

缺點一：穿著隨便不得體

衣衫不整、頭髮凌亂地出入辦公室，或是打扮怪異地上班，都會令人看著不舒服。改善方法：辦公室著裝關鍵在於大方整潔，過分新潮、怪異的裝束下班後再展示不遲。

缺點二：經常上班或開會遲到，而且經常不能按計劃完成工作

遲到的缺點很容易引起主管和工作夥伴的不滿，會被認為散漫隨便、吊兒郎當，沒有工作責任心。

改善方法：預估路途所需的時間，預留十分鐘做緩衝。若討厭「等待」的話，隨身攜帶一些文件或書籍，以免浪費時間。記住：上班早去幾分鐘，會給主管留下好印象。

缺點三：過分保護自己

主管提出建設性的批評，卻搬出一大堆理由辯駁，將責任推到別人身上。這表示個人胸襟不夠寬廣，不樂於接受別人的批評，處處設防。這會妨礙與主管的溝通，甚至引起衝突。

改善方法：嘗試為自己的行為負責，別推卸責任。

缺點四：缺乏主見不大方

總像孩子般依賴別人，缺乏獨立工作能力。當主管徵詢意見時，不能提供肯定的立場和見解，或是支支吾吾，或乾脆不理不睬。這種不成熟的表現，難以讓別人放心地委以重任。

改善方法：培養獨立思想的習慣，寧願犯錯也要大膽表達自己的見解。

缺點五：記性不好組織能力差

在問起一些人名、電話或工作期限時，總是啞口無言，然後猛翻記錄，這不但會降低自己的被信任程度，也讓主管會懷疑這個人對工作無興趣、做事無條理。

改善方法：細心聆聽別人的自我介紹，常用的電話號碼標在醒目處，加深印象。嘗試寫工作日誌，方便提醒自己每天應做的事情。

缺點六：做事拖拉

雖然有能力完成手頭的工作，但進度遲緩也會令人對工作能力產生懷疑。

改善方法：將一件艱巨的工作化整為零，定出完成每一小部分的時限。

第五章 勇於用缺點來磨礪自己

如果要摒棄煩惱，就不要把憂慮藏在心中；如果要避免牢騷，就不要凡事計較長短。要敢於打破情緒的瓶頸，不要培植怨恨的種苗；要勇於清除心中的污穢，避免缺點累積成心病。

莫讓私心為害群體

私心是因為過分謀求自我的虛名和私利而產生的。它使自我為求滿足一己之私利，片面追求自我的名位，而置他人與群體利益甚至安危於不顧；它使團體為迎合小團體成員的狹隘名利之心，而置社會整體利益於不顧。赤裸裸的「私心」是惡劣的，但易為人們所察覺和制止，因而對社會的危害並不十分嚴重。偽裝成「公心」的私心是狡詐的，具有極大的迷惑、欺騙和危害性。

私心往往假公心之名而到處招搖撞騙。假公濟私者，總是編造種種理由，意圖使一切卑鄙的技倆、醜惡的行徑、骯髒的交易、罪惡的勾當都披上「合理」、「合法」的外衣。隱伏在公心之中的私心，其騙人之深、流行之易、危害之烈，是赤裸裸的私心所望塵莫及的。這種情形最容易矇騙單純或根本就魯鈍的市井小民中，我們在政壇上就看到許多人模人樣的政客，用這種「假公濟私」的技倆在操弄無知的選民。

在社會系統中，公眾的事業是恒星，自我則是行星，其「公轉」與「私轉」（自轉）則依照社會發展規律有規則地運動，才能維持社會的合理秩序，社會機制也才能運作正常。這或許可以叫做「社會萬有引力定律」。自我如果在「私轉」方面過於迅猛暴烈，而「公轉」卻十分緩慢艱難，急於謀私而緩於事公，勤於為己而懶於助人，那就免不了要變為「流星」而自焚。

私情是個體間、團體間、個體與團體之間的台面下交情。人必須處於一定的人際關係之中，凡有人際關係存在、有人際交往的地方，都難免有這樣那樣的私情。私情有其雙重性，既是維繫友誼的情縷紐帶，又是阻礙理性行使其正當權利的沉重包袱，是一種難以摒除的致錯因素。私情可能取代理性，代替原則，產生時下可見的種種的不正常現象：人情大於原則，公章不如私條，只有熟人才好辦事，所以「關係學」大為盛行。有章可循的事也要靠人情才能辦到，合法的事也要藉由非法的途徑才行得通，徇情枉法，公事私了。禮尚往來本是人之常情，但演變成賣人情，對家庭、社會的害處不言而喻。

不要培植怨恨的種苗

人生像是一塊肥沃的土地，它既種植希望和成功，也會培植怨恨。生活經驗告訴我們，不管我們的理由如何，凡事抱怨是於事無補的。就留在我們內心的侮辱，永難平復的創傷，都能損壞我們可能的美好生活。

有位朋友曾接到一封愛發牢騷的親戚寫來的信，他說：「我永遠記得，我新婚的嫂嫂和哥哥在我的生日那天一同外出旅行，居然沒有對我說一句祝賀生日的話。」這句話的言語之中就埋著怨恨的種子，而通常也是危害心理健康的毒藥。

頭痛、消化不良、失眠和嚴重的疲倦等，是怨恨的人常有的生理症狀。某醫學院曾做過調查，報告中說：與心情愉快的人相比，心存怨恨的人更經常進醫院。醫務人員所做的試驗顯示，患心臟病的人常常不是工作辛勞的人，而是抱怨工作辛勞的人；最足以引起高血壓的原因，莫過於外表好像很安靜，內心裏卻被強烈的怨恨所煎熬。

怨恨甚至會造成意外事件。交通問題專家說：「發怒的時候千萬不要開車。」心裏總是抱怨著丈夫如何不懂體貼的婦女，比起那些心裏毫無雜念的婦女，更容易在家裏發生意外事件。

另一方面，愛與同情則有激發活力的作用。正如一位健康學博士所說：「寬宏大量乃是一帖良藥。」

與怨恨情緒作戰的第一步，便是先要確定怨恨情緒的來源。如果我們能切實地檢討，十次之中有九次，我們會發現其來源根本就是自己的偏執。我們總會把自己的短處變成別人的錯處，而後加以無以名狀的怨恨。例如，在每一樁離婚案件中，很明顯的，所謂無辜的一方往往並不如其所描述的那般無辜。

「這是很奇怪的現象」，心理學家說，「我們自己的過錯好像比別人的過錯要輕微得多。我想，這是由於我們完全瞭解犯下錯誤的一切情形，於是對自己比較會心存原諒，而對別人的錯誤則不可能如此」。

怨恨的根由發現了之後，務必盡全力剷除之，第二樁要做且是最有效的事便是—忘記它。理智的人並不僅以把宿怨拋空做為滿足，還經常用新的夢想和熱忱，填補生活中的窪地。心理學家說，人不能同時擁有兩種強烈的情感，既要愛又要恨，那是不可能同時存在的。

幫助別人之後，我們會發現在這個世界，善意總是多於惡意的。一所大學的研究結果指出，一種真正以友誼待人的態度，百分之六十五至九十的高比率，是可以引起對方友誼的反應的。因此，「愛人者，人恆愛之；敬人者，人恆敬之；」真是顛仆不破。

敢犯錯才能少犯錯

有一句至理名言：「一個人易犯的大錯，就是怕犯錯。」而希望達到至善至美的人特別害怕犯錯誤。

這種個性的人在遇到問題時有兩種方法。一種方法是儘量不要做太多的決定，真要做決定的話，也是能拖則拖。另一種辦法是找一個現成的事物來代替所要做的決定。採用後一種辦法的人會倉促地做決定，所以他所做的決定大都不成熟，而且很可能會半途而廢。這種人總是認為自己是超人，在任何情況下他都是不會犯錯誤的，因此不必費心去考慮事情的實際情況及結果，他不會為必須做出決定而發愁。要是他的決定出了錯誤，他只要讓自己繼續相信那是別人的錯，問題不出在自己身上就足夠了。

很明顯，採取這兩種方法都錯了。採用第一種方法的人，時常會在衝動與考慮欠周的行動之下自找麻煩。而採取第二種辦法的人根本做不了事情，因為他根本沒有行動。

總之，那種猶豫不決、當斷不斷的拖延，是根本成不了事的。

犯錯誤是不可避免的，但是你應考慮事情的發展趨勢，設想各種行動的方針和可能的結果，選擇你認為最好的解決辦法並大膽去做，邊前進邊修正方向、不害怕犯錯誤，才能少犯錯誤。

很多人害怕因為做錯事而失去自尊，所以總是猶豫不決。因此，必須先要認清一個事實：自尊是與奮鬥和成功同在的，自尊不應成為事業奮鬥的絆腳石。

許多人在談到他們的成功時都認為，自己從錯誤中比從成功中得到更多的啟發。

愛迪生夫人說：「愛迪生不斷使用消去法解決問題。如果有人問他是否因為犯錯誤而感到洩氣，他一定回答說：『不！我才不會洩氣！每拋棄一種錯誤的方法，我也就向前跨進了一步。』」愛迪生這種對待錯誤的態度就值得我們學習。

物慾太盛心難靜

一個人如果有許多的物慾和虛榮心，那麼走在人生大道時，就會因為身揹如此重負而寸步難行。

有一位發願修行的修道者，離開他所住的村莊，到山中去隱居修行，隨身只帶了一塊布當作衣服。

後來他想到當他要洗衣服的時候，他需要另外一塊布來替換，於是他就下山到村莊中，向村民們布施一塊布當作衣服，村民們都知道他是虔誠的修道者，於是毫不猶豫地就給了他一塊布。

這位修道者回到山中之後，他發現他所居住的茅屋裏面有一隻老鼠，常常會在他打坐的時候來咬他那件準備換洗的衣服，為了遵守不殺生的戒律，因此他也不去傷害那隻老鼠，但是他又沒有辦法趕走那隻老鼠，所以他回到村莊中，向村民要一隻貓來飼養。

得到了一隻貓之後，他又想到了——「貓要吃什麼呢？我並不想讓貓去吃老鼠，但總不能跟我一樣只吃一些水果與蔬菜吧！」於是他又向村民要了一頭乳牛，這樣子那隻貓就可以靠牛奶維生。

但是，在山中居住了一段時間以後，他發覺每天都要花很多的時間來照顧那頭母牛，於是他又回到村莊中，他找到了一個單身漢，於是就帶著這無家可歸的單身漢到山中居住，幫他照顧乳牛。

那個單身漢在山中居住了一段時間之後，他跟修道者抱怨說：「我跟你不一樣，我需要一個太太，我要正常的家庭生活。」

修道者想一想也是有道理，他不能強迫別人一定要跟他一樣，過著禁慾苦行的生活……

這個故事如果按照原先的發展進行下去，那麼很有可能用不了多久，整個村莊都要搬到山上去了。原來要禁慾修行，卻因為這樣那樣的慾念打亂了自己的清修，這心又怎麼能平靜下來呢？

在巴拉圭有一對即將結婚的未婚夫妻，很高興地大喊大叫、相互擁抱，因為他們中了「樂透彩券」，獎金是七萬五千美金。

可是，這對馬上要結婚的新人，在中獎後隔天，就為了「誰該擁有這筆意外之財」而鬧翻了；兩人大吵一架，並不惜撕破臉、鬧上法庭。為什麼呢？因為這張彩券當時是握在女方的手中，但是男方則氣憤地告訴法官：「那張彩券是我買的，後來她把彩券放入她的皮包內，但我也沒說什麼，因為她是我的未婚妻嘛！可是，她竟然這麼無恥、不要臉，居然敢說彩券是她的，是她買的！」

這對未婚夫妻在公堂上大聲吵鬧，各說各話，絲毫不妥協、不讓步，著實讓法官傷透腦筋。最後，法官下令，在尚未確定「誰是誰非」之時，發行彩券單位暫時不准發出這筆獎金！而兩位原本馬上要結婚的佳偶，因爭奪獎金的歸屬而變成怨偶，雙方也決定取消婚約。有人說：「結婚，經常不是為了錢；離婚，卻經常為了錢。」的確，人的私心、貪婪、嫉妒，常使人跌倒，重重地跌在自己「惡念」的禍害裏。

人生有些錯誤的確無法挽回，所以為了避免這個代價，就應該學會放棄。

莫讓面子害了自己

一個人要想有面子，就要不怕丟面子。孔子說：「過而不改，斯謂過矣。」意思是說：犯了一回錯不算什麼，錯了不知悔改，才算真的錯了。

如果能坦誠面對自己的缺點和錯誤，拿出足夠的勇氣去承認它、面對它，不僅能彌補錯誤所帶來的不良後果，在往後的工作中也能更加謹慎端正，也能加深主管和同事對你的良好印象。這不但不是「失」，反而是最大的「得」。

事實上，一個有勇氣承認自己錯誤的人，是可以獲得某種程度的滿足感，而且有助於解決這項錯誤所製造出來的問題。卡耐基告訴我們：「即使傻瓜也會為自己的錯誤辯護，但能承認自己錯誤的人，就會獲得他人的尊重，而且令人有一種高貴誠信的感覺。」

喜歡被人讚美是人的天性。當有人、尤其是和自己平起平坐的同事評斷自己的行事作為，不管那些批評如何正確，大多數人都會感到不舒服，有些人更會拂袖而去，連基本的禮貌也不顧了，也往往讓好意提出中肯意見的人尷尬萬分。下一次就算犯在小的錯誤，相信也沒有人敢出言相勸了，這才真是做人的一大損失。

當我們錯了——若是我們對自己誠實，這種情形十分普遍——就要迅速而熱誠地承認。這種技巧不但能產生驚人的效果，而且比為自己爭辯還有益得多。

如果總是害怕向別人承認自己曾經犯錯，那麼，請接受以下這些建議：

假若你必須向別人交代，與其替自己找藉口逃避責難，不如勇於認錯，在別人沒有機會把你的錯到處宣揚之前，對自己的行為負起一切的責任。

如果你在工作上出錯，要立即向主管彙報自己的疏失，這樣當然有可能會被訓斥一頓，可是主管卻會認為你是一個誠實的人，也許對你更加倚重，其實所得到的可能比失去的還多。

如果所犯的錯誤可能會影響到其他同事的工作成績或進度時，無論同事是否已發現這些不利影響，都要趕在同事找你「興師問罪」之前主動向他道歉、解釋。千萬不要企圖自我辯護，推卸責任，否則只會火上澆油，令對方更感憤怒。

每個人都會犯錯誤，尤其是在一個人精神不濟、工作過重、承受太沉重的生活壓力時，最是容易出錯。偶爾不小心出錯雖是難免，關鍵是犯錯後要用正確的態度對待它。犯錯誤不算什麼罪大難饒的事，「有則改之，無則加勉」，只有放下了面子，不再固守所謂的自尊，人才能坦誠地面對自己、面對別人。

放下情感的包袱

在挫折面前，有種沉重的「情感包袱」會將人們壓得透不過氣來，其實大可不必如此。因為失敗，沒有人不痛苦。成功者只是將痛苦拋開，將「情感包袱」丟棄。他們像美國評價心理諮詢專家哈威．傑肯斯提倡的那樣：「盡情地宣洩、盡情地哭、盡情地笑、盡情地發抖……」，之後主動搜尋自己的積極因素，用積極的思想取代消極的思想，重整旗鼓。因此，完全沒有必要背負沉重的「情感包袱」，和自己過不去。你有能力也應該將它放下和丟棄。不妨嘗試下面的方法：

放鬆肌肉，改變思想，肌肉不緊張，就不會心煩意亂。所以應該放鬆肌肉，出去散散步。必須分散自己對挫折的注意力，聽聽音樂或看場表演，心情煩躁是不可能客觀理性來思考問題的，所以要冷靜下來。找出失敗的原因，此時，雖然不能控制自己的情感，但是最起碼自己的思想和行為全在掌握之中，狀況不會再惡化下去。

緩和情感症狀，照常工作，正確對待使你痛苦的事情，就會慢慢適應。只要自己的行為正常了，整個人的精神就會正常起來。

避免暴躁或者誇張的語言。其實，頭痛並沒有真的「要命」，它雖然能使人難受，但總會消失。如果睡不著，不要想「我要生病了」，只要安靜不胡思亂想躺著，就能讓身心得到休息。

不要放縱感情，自憫自憐會使人不能自拔，憎恨或抱怨只能增加憤怒，放縱感情會破壞心理平衡。

做個平凡的人，不必強求自己要超凡脫俗或者事事成功，應當有不怕失敗的勇氣。不要把暫時的失敗歸咎於自己的缺點，多對自己說肯定性的語言，想說「No」時說「Yes」。

別人的看法並沒有想像中的高明

有時候，我們很在乎別人的看法。如果有人告訴我們衣服穿得真難看，就可能以後再不會穿了。更為奇怪的是別人的評語不論我們愛不愛聽，我們都會不自覺地問問別人，自己的衣著、言談、工作表現等等如何？

每個人都會有在乎別人看法的心理，不過別人的看法其實也不見得高明到哪去。過於依賴別人，是沒有主見、不自信的表現，是一種不好的習慣。這種不好的習慣不但會影響我們的生活、學習，甚至是工作，導致自己優柔寡斷，沒有主見，不知所以。

那麼怎樣才能克服這一缺點呢，不妨試試下面的辦法：

一、懂得向他人說「不」

下一次當他人又要求我們做東做西，又要求改這兒改那兒的時候，假設這些要求是過於吹毛求疵，沒有這個必要的話，試著鼓起勇氣婉言相拒。

二、做自己真正喜歡做的事

挑個對自己具有特殊紀念意義的日子，好好地款待自己一下。比方說挑一個不錯的館子，獨自去享受一番，坐最喜歡坐的位子，點最喜歡吃的菜，喝最喜歡喝的酒，此時，沒有任何人會來這裡干涉你，要求該坐哪裡，該吃什麼，該喝什麼等，然後，慢慢地獨自品嚐眼前的美酒佳餚。

相信你一定可以發現：這種沒有任何人在旁邊囉嗦的時光，是多麼地快樂、逍遙啊！

三、自助助人

每當面臨一些需要做抉擇的問題，請將自己設想在一個陌生的國度當中，沒有任何一個親近的人，可以馬上伸出援手，這時該怎麼辦？設法來獨自的解決問題，將會發現：其實自己一個人也可以做得很好啊！

努力改變自己的依賴之心，不為別人而去改變自己，這樣才最真實也最快樂。

這個世界上有一件事是很重要的，那就是自己看得起自己，至於別人怎麼說、怎麼認為，反而是一件無足輕重的事情。

生活中如此，工作上也一樣，是金子總會發光，是玫瑰總會綻放。

正邦原來在某公司的營銷部當經理，一天他接到人事命令，調他去供應部當經理。正邦心想如此一調，不就是明擺著對自己不滿意嘛，看來前途不妙。以前正邦從事銷售工作，整天往外跑，很適合他的個性，如今，要他整天待在公司裏調度進出貨，和那些器材報表打交道，實在是有些受不了。開始的時候，他一直悶悶不樂，心灰意冷。後來他自己忽然想到一個問題：為什麼我以前對自己信心十足，當上了供應部經理後就沒有了呢？他想了再想，突然領悟過來：「這是因為我自己的期待值，無形中隨著部門的調動而降低了，我失去了自我上進的動力。」於是，他開始把精力投入新的工作，慢慢地發現供應部也有自己的用武之地。而且，供應部對整個公司來說，有著舉足輕重的作用，只是大家平時把它忽略了而已。正邦重新找到了「工作的意義」，一改以往消極推拖的作風，變得充滿自信，工作起來如魚得水，得心應手。他的積極態度也感染了部屬。

由於他出色的工作成績，供應部獲得總公司頒發的兩次特別獎金。不久，正邦又收到一份人事派令，他被提升為公司的副總經理。

從這個故事中，我們看到在生活中，我們應該有一種適應環境、改造環境的積極心態，而不要一味地在自己的消極意志中沉寂下去。

當然，有些時候我們不可能完全如意地挑選那些又重要又體面的工作，很可能要被動地接受一些工作安排。這時候要心中清楚：不要讓自己降低標準去適應工作，而應按自己的才華提升工作標準，自然工作環境及工作品質都會相對應地提升上來。

突破心中的瓶頸

心，可以超越困難，可以突破阻撓；心，可以粉碎障礙；心，終會達成個人的期望。所謂瓶頸，其實只是心理作用。

一個人的生活羅盤經常失靈，日復一日，有多少人在迷宮般的、無法預測也乏人指引的茫茫職場中失去了方向。他們不斷迷航甚至觸礁，可是別人卻技高一籌地繼續航行，安然度過每天的挑戰，平安抵達成功的彼岸。為了維持正確的航線，為了不被沿途意想不到的天象和巨浪困住或吞噬，每個人都需要一個可靠的導引系統，一個精準的羅盤，幫你在職場困境中指引出一條通往成功的康莊大道。可悲的是，太多人從未抵達終點，因為他們借助失靈的羅盤來航行。這壞掉的羅盤可能是扭曲的是非感，或蒙蔽的價值觀，或自私自利的意圖，或是根本未設定過目標，或是無法分辨輕重緩急，狀況多得不勝枚舉。

小梅從小發現自己對科學的熱愛，上自然課對她而言是如魚得水，大學時更是化學系畢業。她的第一份工作也和實驗工作有關，這是讓她最有歸屬感，也最能伸展抱負的領域。小梅不僅完成了所有老闆交代的工作，更是主動任事，早早出門上班，就連週末都跑到實驗室加班。

在這個職位做了幾年以後，小梅開始不安起來，因為這個職務的挑戰性，並未隨著她知識的成長而拓展。由於無法找到適合她的挑戰，小梅回到校園繼續深造。在研究所攻讀的小梅，學到了一種新的技術，這門新興的科學令她十分著迷，她的碩士論文便是以此為題。她發表的論文讓她聲名大噪，一畢業就接到好幾家公司所提供的誘人工作機會。她接受了一家公司的邀約，因為他們讓她有機會應用所學，進行商業性的研究。小梅很滿意這個職位，表現優異且績效卓著，她的工作為公司帶來高經濟效益的技術突破。為了獎勵她卓越的成就，高層將小梅升為實驗部門的主管，這是一個收入豐厚、位高權重，但也肩負重責大任的職位。

小梅在新的角色中負責管理其他研究人員的工作，這是她第一次擔負管理工作，包括準備工作日誌、指導績效評估、處理監督事宜、企劃等。她花在實驗室的時間減少了，留在辦公室處理公文、打電話、與人互動的機會卻增多了，另外還有冗長的會議，小梅最厭惡的就是開會。她開始懷念起過去的日子，覺得那時她是多麼的生氣蓬勃又充滿了挑戰，金錢和名望已不足以彌補這個遺憾。

每天都有許多困惑不安的人，魚貫進出心理治療師的診療室，因為他們根本拒絕接受人生的定律，人是不可以吃著碗裏，還望著盤子，魚與熊掌是無法兼得的，小梅既想要她所熱愛的有趣且富挑戰的工作，又要集高薪、名望、權勢於一身，這是不可能兼得的。

人們都太庸人自擾，因為我們往往忘了要面對一個簡單的事實：「世事不可能盡如人意。」我們日復一日作繭自縛、陷入苦惱，因為追求一個願望，卻造成另一個願望無法達成，還拒絕調整自己接受這個事實。

小梅的羅盤就是這樣壞掉的，它同時指向兩個背道而馳的方向，因此讓她感到困惑。小梅需要一個僅僅指向單一方向的羅盤，一個值得讓她繼續前進的方向。

不要看不起自己

不管是清潔工人、基層員工還是從事一些其他別的行業者，都不要看不起自己。如果認為自己的工作是卑微的、低下的，那就犯了一個很大的錯誤。

羅馬一位演說家說：「所有手工勞動都是卑賤的職業。」從此，羅馬的輝煌歷史就成了過眼雲煙。亞里斯多德也曾說過一句讓古希臘人蒙羞的話：「一個城市要想管理得好，就不該讓工匠成為自由人。那些人是不可能擁有美德的，他們天生就是奴隸。」

今天同樣有許多人認為自己是卑下的，而自覺低人一等。他們每天辛勤地工作，卻無法意識到工作的意義，只因為生活所迫。這種輕視工作的人，只能是得過且過，甚至是在工作時提心吊膽，生怕遇見什麼熟人，而讓自己顏面盡失。

我們要強調的是工作本身沒有貴賤之分，只要誠實地勞動和創造，就沒人能貶低你的工作價值，關鍵在於如何看待自己的工作。要看一個人是否能做好事情，只要看他對待工作的態度。而一個人的工作態度，更是他本人的性情與做好工作的前提，試想誰會指望一個態度不端正的人會做出什麼有價值的事呢？所以，瞭解一個人的工作態度，從某種程度上來說是可以瞭解那個人。

如果一個人輕視自己的工作，將它當成低賤的事情，那麼他絕不會尊重自己。因為看不起自己的工作，所以倍感工作艱辛、煩悶，自然工作也不會做好。有許多人不尊重自己的工作，不把工作看成創造一番事業的必經之路和發展人格的工具，只是將工作視為衣食住行的來源，認為工作是生活的代價，是無可奈何、不可避免的操勞，這是多麼錯誤的觀念！

因此，千萬不能看不起自己的工作，每個人的工作都是有價值、有意義的。一個看不起自己工作的人，人生會有一定程度的缺憾，其實本來可以創造輝煌，結果卻與成功失之交臂，這不能不說是可惜的人生。

別讓牢騷變不安

人都有軟弱的一面。有時會灰心氣餒，不滿意，發牢騷。此時，如何剷除在心頭的不滿情緒，是能否使生活好過的關鍵。

每個人在生活中很自然都會產生某些不滿情緒，但是，要根除它卻是件難事。人必須承認不滿情緒的存在。但這種情緒如果永不消散，就應設法地除掉它。

要剷除不滿情緒，先要找出導致不滿情緒產生的根源。當我們深究其根源時，一定會在我們內心發現「不安」的心理活動。不除掉「不安」這個病源，即使表面上虛假地除掉了不滿情緒，一旦遇到新的情況，那種不滿情緒會很快再度萌生。

根除「不安」猶如動一次手術，它會把人們本能地希望隱藏起來的心理活動暴露出來。因此，就需要勇氣，需要強韌的判斷力。

不安不同於恐怖。恐怖有明確的對象、目標。所以，可以採取相應措施。不安則對象模糊，本身也不分明。所以，很難確定應採取什麼措施。認真分析「不安」，可以發現所謂「不安」來自「不安定」。「不安定」亦即不平衡，失去生活重心。

對青春期開始時所產生的「不安」者，自己很難自覺，這一時期反映在青年身上的不平衡有許許多多。例如，青年人在生理上雖然已成熟得和成年人一樣，但在精神上卻尚未成熟。他們希望得到成年人的待遇，卻又因思想不成熟缺乏自信而希望得到孩提時般的保護，這一切轉化為內心的「不安」。當「不安」發作時，即表現為所謂的「無理取鬧」。「無理取鬧」的意思是，本人並不知道那些理由也不能說明自己為什麼反抗他人？

青年人出於自尊心，不願意承認自己在精神上不成熟。因此，不理解青少年人內心的這種心理世界，就不可能理解人在青少年時期的反抗與不滿情緒，也就不可能採取適當的對策。

成年人的「不安」同樣出於某種不平衡，工作與能力、地位與實力等等。此時，最關鍵的是：能否持有正確的判斷力，能否正視自己的弱點──能力不高，實力不強。

期望越多失望越多

一個理想主義者，對自己的期望甚高，卻沒有想過：有時候，這些期望，其實是遠遠地超過自己的能力；所以，就算已經全力以赴，但是對於自己的努力，不但不感到滿足，反而一再計較那些非自己能力所及，以至於搞砸的部分，因此，人生就這樣陷入無止境的現實與理想的戰爭之中，最後的結果，往往是搞得人身心疲憊。

一般說來，大多數有這種自我期望甚高，且又習慣於苛刻地要求自己的人，多半是因為缺乏安全感所致。潛意識中總是認為自己怎麼做都不好，怎麼做都不對，又擔心別人對自己的表現會有負面的評價，所以自我苛求來掩飾內心的不安。

因此，要克服這一缺點，所要面臨到的最大敵人，其實就是自己。

仔細回想一下，在童年的時候，是否有下述的這些經驗：不論是師長，或是父母，總是認為我們做得不夠好？當我們帶著考了九十五分的考卷，高高興興地回家時，不但沒有被稱讚，反而還被父母斥責說，為什麼沒有考到一百分？有沒有被父母期望像哥哥一樣，在學校成為一位叱吒風雲的足球選手？或是我們曾經立下宏偉目標，要在二十五歲的時候，成為一位百萬富翁，但是迄今卻仍身無分文？

事後，我們就會發現，許多長輩或是自己加在自己身上的期望，是不是真正能夠讓自己感到驕傲與成就；我們是為考了九十五分感到高興？還是必須承受考到一百分的壓力，然後當父母親高興了之後，自己才會覺得高興？因此，請從理想的期望中甦醒過來吧！凡事盡力而為，如此也不會給自己太大的壓力。

對於自己的期望較高，雖然是督促自己邁向成功之路的重要原動力之一；但是，如果當初所設定的目標，根本就不切實際的話，往往會適得其反。

人生最大的憾事是機遇擦身而過，而一無所獲；人生最興奮的驚喜是機遇迎面撲來，並使得自己諸運亨通。在機遇來的時候，正面迎上，不要好高鶩遠也不要妄自菲薄。

破除競爭意識的束縛

人生不能沒有競爭，沒有競爭也就沒有前進的動力。但一個人如果長期為競爭所累，那麼競爭反而會成為心靈的禍害。

K先生是一家建築公司的設計科長，更是一位優秀的知名建築師。他有一位美麗賢淑的太太和可愛的孩子。在任何人的眼光中，他應該是一個生活很愉快和滿足的人。但這位K先生意外地患了神經衰弱症，他幾乎每個夜晚都無法成眠。第二天早上起床後，全身酸痛而無法行動，食慾不振，在空腹的時候又會感到胃部陣陣作痛。「唉，這樣下去不行呀！究竟是什麼病？我該去照照胃鏡了吧。」

照胃鏡的結果，醫師診斷他患了胃潰瘍。患這種疾病的原因很多，過度疲勞精神憂鬱，就是原因之一。醫生警告他，必須避免太辛勞、太激動和長時間的工作。K先生是極敬業的一位建築師，他堅守一個觀念：「生活，是一種競爭。工作，更是一種競爭。

如果在競爭中敗落下來，你便輸掉了所有的一切。」憑著他的毅力和工作熱忱，終於克服各種困難，衝破重重的難關，才有今天這種成就。

「我絕不能失敗。」他把自己束縛在艱苦的精神生活中，同時他又把所有的人都當成自己競爭的對象。不管是什麼人，談到對他有好處的事情，首先進入他腦海中的是：「會不會在事情的背後有什麼陰謀？」

他隨時處在警戒防備的狀況中，即便和他工作完全沒有利害關係的同學來看他，他也不會主動和同學談到自己的工作狀況和未來理想。對他來說，社會上所有的人，幾乎都是他競爭的對手，因此，他的精神和神經永遠都是在緊張狀況中，他也變得更加孤獨。

當一個人把所有的人都視為競爭的對手時，他會把自己的競爭意識很強烈地指向這些對手，而使得那些被他認為是自己競爭對手的人，也只好把他當作對手。而當他的表現很激烈的時候，對方也會用同樣的態度來回應他。因此，K先生完全是因為自己的「競爭意識」傷害了他自己。所以，如果一個人想要從強烈的孤獨中逃脫出來，對這種內心中強烈的競爭意識，是必須加以節制的。

坦然地接受自我

生活中，很多人缺少某種優異能力，卻認為每個人都擁有那種能力，這種誇大又反襯出自己的渺小，是傷害自我的致命武器。我們會覺得自己的人格極不完善，有各種各樣的缺點和不足，而別人卻完美無瑕，顯得沈著自信。我們希望像他人那樣去生活，買相同的衣服、相同的傢俱，像他們一樣地說話、做事。無限誇大別人的能力，這種感覺是極其荒謬的。我們應該明白，別人的內心世界也同樣殘留著過去失敗所留下的疤痕。懂得了這一點，我們就不會再把自己破裂的傷口看得那麼嚴重。

有一個男孩，覺得自己事事不如人，覺得自己配不上幸福的愛情，為此感到很自卑。有很多優秀的女孩都很喜歡他，他卻置之不理。本來他有良好的品格，眾人欣賞，應該擁有美滿的婚姻，但結果卻把事情給弄得一塌糊塗，人們對他的看法也改變了。

生活中類似的事例比比皆是：商人認為自己註定要失敗，不敢抓住機會去擴大經營規模；專業人員總認為自己的能力和思想比同事稍遜一籌；成績優秀的學生為升學考試惴惴不安；年輕女子迷人可愛，但與鄰居的女孩相比較後，又對自己的社交能力頗感失望。這些人本來極為優秀，但卻從內心裏瞧不起自己。他們內心焦慮不安，沒有自己的主見，不斷地用別人的判斷標準來扼殺了自己的信心。

這些模糊不清的焦慮和對自己的錯誤看法，會出現各種表現方式，以下這個例子便證明這一點：一個小孩從小沒了父親。但這個孩子卻不能正視看待父親的死亡，心存疑惑，他認為是他的父親拋棄了他，逃跑了。這個男孩長大後，一輩子都懷有著莫名的恐懼，害怕被朋友、老闆和社會拋棄。

人們常在無意識中將自我心靈扭曲。有的人像小孩一般幼稚地認為，他受到尊重和喜愛是有條件的。他認為，只有按照父母的期望去行事，才是合理正確的。因為沒有內心的信念，總是依靠外在的標準，結果他可能變成一個冷漠的商人，一個無情的企業家，只有獲取更多的財富才能安撫他內心深處的不安。

唐明皇通常被認為是偉大情人的典型，沒去深入瞭解，覺得好像他真的就是這樣的一個大眾情人。但事實上，唐明皇未曾真正地愛過，也未曾真正地被人愛過。他在情場上不斷地征服女人，這不過是掩蓋這樣一個事實—他並沒有愛的能力，或者說，他只是努力想證明自己的能力，讓自己相信他可以獲得愛。他不斷地逃離，又不斷地去追求，他在逃離和追求的交替中度過了他的一生─他追求轉瞬即逝的愛，但他並不相信存在著真正的愛情，他只能逃離。

我們對待自身的錯誤態度是如何形成的呢？

我們是怎樣的一個人？

我們又應該成為什麼樣的人？

我們應該運用足夠的智慧去釐清這些至關重要的問題。有些人認為，禁錮在自我的小天地，只顧自己，不關心別人，這是在愛自己。我們要麼極端輕視自己的能力和品德，要麼是自我中心主義者，深受其害還不自知。自戀和自我憎恨都不是真正的自愛，只有當我們遠離了這些病態的自愛，才能培養出一個健全的人格，才能保持內心的平和，才能與他人友好相處。我們在逐步學會如何正確地愛自己，這樣的自愛有著豐富的內涵，但首先要學會尊重自己。而要學會尊重自己，我們必須拋棄不成熟的觀念，坦然地接受自我。

你在平凡的日子裏創造了不平凡的生活。你擁有幸福的家庭、蒸蒸日上的事業和很高的名望，你受到別人的尊重和熱愛。摘掉看自己的有色眼鏡，讓自己變得成熟起來，像周圍的人一樣去承擔自己的責任，投身到自己熱愛的事業中去。

其實你是有足夠的能力去對付自己遇到的問題，你比你自己想像的要更優秀、更成功、更有能力、更富有創造力。

國家圖書館出版品預行編目資料

面對，你才有可能成功 / 漆浩作. - - 初版. - - 臺北市：種籽文化, 20017.01
面； 公分
ISBN 978-986-92690-8-7（平裝）

1.成功法 2.生活指導

177.2 105025223

Concept 105

面對，你才有可能成功

作者 / 漆浩
發行人 / 鍾文宏
編輯 / 編輯部
美編 / 文荳設計
行政 / 陳金枝

出版者 / 種籽文化事業有限公司
出版登記 / 行政院新聞局局版北市業字第1449號
發行部 / 台北市虎林街46巷35號 1 樓
電話 / 02-27685812-3傳真 / 02-27685811
e-mail / seed3@ms47.hinet.net

印刷 / 久裕印刷事業股份有限公司
製版 / 全印排版科技股份有限公司
總經銷 / 知遠文化事業有限公司
住址 / 新北市深坑區北深路 3 段 155 巷 25 號 5 樓
電話 / 02-26648800 傳真 / 02-26640490
網址：http://www.booknews.com.tw(博訊書網)

出版日期 / 2017年01月　初版一刷
郵政劃撥 / 19221780戶名：種籽文化事業有限公司
◎劃撥金額900(含)元以上者，郵資免費。
◎劃撥金額900元以下者，若訂購一本請外加郵資60元；
劃撥二本以上，請外加80元

定價：240元

喬木
書房

喬木書房